二战德军
虎式坦克全景战史
叁

郑 鑫 ◎ 编

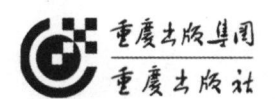

重庆出版集团
重庆出版社

目录
Contents

序　章 001

第1章　德国陆军"大德意志"装甲团第13连行动日志 027

第2章　德国陆军"大德意志"装甲团第3营行动日志...................... 051

第3章　德国陆军"胡梅尔"重装甲连行动日志 093

第4章　德国陆军"迈尔"重装甲连行动日志 098

第5章　武装党卫军第1装甲团第13连行动日志 107

第6章　武装党卫军第2装甲团第8连行动日志 151

序 章

在翻开虎式坦克部队的战斗史册之前，有必要对德军重装甲营的沿革、编制以及各营的概况做一些简单介绍，作为读者深入阅读前的准备，同时也有助于更好地理解本书资料的价值。在重装甲营概述中，我们将主要介绍这一精英装甲单位的创建、组织体系、兵力编成以及车辆配置等情况。在各装甲营概况这部分，则以各营为单位，从装备、编制和涂装标志三个方面加以记述："装备"一节主要对各装甲营在不同时期接收的虎式坦克的型号及技术特征进行描述，由于生产时间的不同，重装甲营使用的虎式坦克在很多细节上都存在差异；在"编制"一节主要介绍各营在战争期间的兵力编制变化，随着时间的推移，由于战斗消耗和补充，装甲营的实力一直处于不断变化中，在编成初期各营的标准编制是下辖三个装甲连45辆重型坦克，但到战争后期，部分营已经缩减到两个连，坦克数量也下降至31辆，有时各营还会自行决定其编制结构；在"涂装和标志"一节，主要记录了各装甲营车辆的涂装配色方案、车辆编号和部队徽记的使用及变化，需要注意的是，重装甲营对于车辆迷彩伪装的涂绘并没有统一的标准，在1942年底之前对于车体编号及标志的位置、样式和颜色同样没有严格规定，即使后来出台了相关规则，实际上前线部队在很多时候仍然自行其是，直至战争末期各营都还保留着不少本营独特的标志和涂装。毋庸置疑，有关重装甲营装备、编制和涂装的细节信息将对我们研究、判断战时照片的内容提供可靠的依据。

"大德意志"装甲掷弹兵师

在德国陆军的作战序列中，"大德意志"师是唯一直辖有虎式坦克单位的师级部队，尽管该师名义上是一个装甲掷弹兵师，但其编制内却有一个装甲团，而非普通装甲掷弹兵师那样仅有一个装甲营，完全是一个正牌装甲师的待遇。按照惯例，作为顶尖精锐的"大德意志"师要比其他部队优先配置新式武器，当虎式坦克逐渐进入部队服役时，该师自然也成为最早的列装单位之一，于1943年1月在其装甲团序列内新建了一个重型坦克连，其正式番号为"大德意志"装甲第2营第13连，随后跟随师主力参加了"堡垒"行动。在1943年夏季，"大德意志"装甲团又新建了第3营，之前的第13连并入其中，又新建了另外两个连，全部装备虎式坦克，从而成为德国陆军唯一的师属重装甲营。

装备：在1943年2月，"大德意志"装甲团第13连辖有9辆虎式坦克，编成两个坦克排。该连首批接收的虎式坦克都是第二生产批次经过改进的型号，其特征是取消了炮塔右后方的轻武器射击孔，而在同年5月间接收的6辆虎式则安装了装填手观察窗。第13连以15辆虎式的实力参加了"堡垒"行动，在战斗中损失了6辆。

1943年6月，德军以派往北非战场的第501、504重装甲营预留在国内的装备和人员为基础，为"大德意志"师增加了两个重型坦克连，连同已有的第13连共同组建了"大德意志"装甲团第3营，从而构成一个重装甲营的完整编制。第3营在6月间接收了28辆装备HL230P45型发动机的全新虎式坦克，配齐了两个连的装备，此外，营部还得到了3辆指挥坦克。两个月后，第13连也正式并入第3营。

在战争余下的时光里，"大德意志"装甲团第3营接收的虎Ⅰ坦克涵盖了已知的各种改型，但从未装备虎Ⅱ坦克。从历史照片中可以看到，该营长期混装有不同型号、特征各异的虎Ⅰ坦克，比如部分坦克敷设了防磁涂层，另一部分却没有，在坦克上加挂备用履带板的方式也是各种各样。

编制："大德意志"装甲团第13连最初仅有9辆虎式坦克，其中一辆是连长座车，其余8辆平均分配给两个排，每排4辆坦克，通过炮塔侧面的车辆编号加以识别，其编号形式较为特殊，采用大写字母S（即德语"重型"一词schwere的首字母——编者注）和两位数字构成，第一位数字表示坦克所属的排番号，第二位数字为该车在排编制内的车辆序号，不过在坦克炮塔后部的储物箱上仅写有表示排番号的单位数字，而连长座车的编号是S01。当第13连接收了第二批6辆虎式坦克后，又组建两个坦克排，每排3辆虎式。与陆军独立重装甲营不同的是，第13连各排排长的座车编号末位数字是0，因此4辆排长座车的编号分别是S10、S20、S30和S40。

"大德意志"装甲团第3营采用标准的三连制重装甲营编制，辖有45辆虎式坦克，下辖第9、10、11连，每个坦克连编有14辆，另外营部编有3辆，在车辆编号系统上则沿袭了第13连时期的形式，并有所变化，所有坦克编号均为一个大写字母加两位数字构成，其中各连所属坦克编号中的字母表示连番号，如该营第9连为

A，第10连为B，第11连为C，两位数字依然表示排番号和车辆序号，营部坦克的编号为S01、S02和S03。

涂装与标志："大德意志"装甲团第13连首批虎式坦克均采用传统的"装甲灰"或称"德国灰"单色涂装，车辆编号涂绘在炮塔侧面中央位置，但是其尺寸则不断变化，最初编号较小，随着时间推进逐渐增大，而且有时还会将字母或数字突出放大，铁十字国籍标志则位于车体侧面中间。在参加"堡垒"行动前夕，第13连的虎式坦克将涂装底色改为橄榄黄色，并加以绿色斑点迷彩图案，这种迷彩涂装是由车组成员自行喷涂制作，因此具有很大的随意性，最后完成时各车在涂装样式上往往存在很大差异，而车辆编号标志和车身侧面的国籍标志维持原样，但在车体后面左侧也增加了一个国籍标志。

"大德意志"装甲团第3营在组建初期接收的大部分虎式坦克都保留了出厂时喷涂的橄榄黄色涂装，而没有涂绘其他样式的迷彩，但到1944年秋季，无论是原有的坦克，还是新交付的坦克都普遍采用了条纹迷彩涂装，在橄榄黄底色上涂绘不规则的棕色线条，实际上由于该营不断接收新装备，其坦克的迷彩样式变化非常多，缺乏一个统一的规范，特别是在战争的最后数月中，显得尤其杂乱和随意。

"胡梅尔"重装甲连

"胡梅尔"重装甲连是1944年7月利用第500装甲训练补充营的部分虎式坦克在帕德博恩（Paderborn）组建的独立重装甲单位，于同年9月派往荷兰阿纳姆（Arnhem）地区作战，后来又转向亚琛方向实施防御战斗，12月18日并入第506重装甲营，成为该营的第4连，1945年2月脱离第506营，独立作战至战争结束。

装备和编制："胡梅尔"重装甲连的大部分坦克和装备都来自第500装甲训练补充营，因此型号较为混杂，新旧不一，既有采用圆柱形指挥塔的初期型，也有采用钢缘负重轮的后期型，还有部分坦克是经过工厂维修翻新的受损装备，存在早期型的车体安装后期型炮塔的混搭形式；至于编制则按照标准的重装甲连编成，辖有三个坦克排，每排4辆坦克，连部另外辖有2辆坦克，全连共计14辆虎式坦克。

涂装与标志：由于"胡梅尔"重装甲连是一个临时组建的作战单位，其装备本身就是一个大杂烩，自然也没有统一的标准涂装，在该连并入第506重装甲营之前甚至在坦克上根本没有任何车辆编号。"胡梅尔"重装甲连并入第506营后开始采用该营的三位数字车辆编号，其编号首位数字为4，表示为该营的第4连，其车辆编号采用绿色绘制，并饰以白色外缘，这也是第506营车辆编号系统的特色，该营其他各连的编号数字也以不同颜色相区别，而色彩的分配是依据德国军队色彩识别的基本准则进行的。

"迈尔"重装甲连

"迈尔"重装甲连组建于1943年7月，装备8辆崭新的虎式坦克，起初在因斯布鲁克（Innsbruck）训练，在意大利向盟国投降之际被紧急部署到米兰（Milan）地区，参与解除意大利军队武装的行动，之后就留在意大利战场作战，直至1944年3月并入第508重装甲营。

装备和编制：当"迈尔"重装甲连开赴一线行动时尚未满编，全连仅有8辆新的虎式，这批坦克来自虎式中期型的最后一个生产批次，仍然安装着胶缘负重轮。在该连存在期间始终没有达到齐装满员，因此也没有在连以下建立排级建制，所有8辆坦克均直属连部，其编号也以简单的单位数字1至8号进行编组。

涂装与标志："迈尔"重装甲连的虎式坦克在意大利作战期间采用的迷彩涂装由暗黄色底色上点缀暗绿色斑点和暗棕色色块构成，炮塔侧面的车辆编号则用纯黑色数字，比较特别的是坦克的国籍标志并非普遍的铁十字样式，而是采用波罗的海十字样式，原因是该连的指挥官迈尔中尉出生在波罗的海沿岸地区，这个十字标志用黑色绘制在一个白底黑边的盾形标志上，位于坦克正面首下装甲中央偏上位置。此外，"迈尔"连的每个坦克车组都为座车取了非正式的昵称，比如"老鼠"、"远足者"、"老虎"等等，这些昵称也被写在每辆坦克的车体正面上部。所有这些标志、编号和迷彩均在意大利北部喷绘完成，但在"迈尔"连并入第508营后则逐渐废除了原有的涂装和标志。

"费尔曼"虎式战斗群

这个战斗群是德军在战争末期匆忙组建的众多小型作战部队之一，其人员和装备都是临时搜罗拼凑的，非常混乱。"费尔曼"战斗群组建于1945年4月，实际上是另一个装甲战斗群的一部分，装备了6辆虎式坦克，都是利用后方工厂中的损伤车辆及其零部件东拼西凑，翻修至可用状态，目前存留的照片显示，该战斗群中至少有一辆虎式使用安装钢缘负重轮的后期型车体与带有圆柱形指挥塔的早期型炮塔混装而成。"费尔曼"战斗群的装备情况较为混乱，其车辆的涂装也是如此，并不统一，各个车辆之间存在很大差异，不过属于该战斗群的虎式坦克都绘有独特的车辆编号，由字母F（来自战斗群指挥官的姓氏首字母）和红底白边的两位数字构成。与"费尔曼"战斗群一样，在战争末期德军组建的装备虎式坦克的小型部队都没有按照标准编制进行装备和涂装，其使用的坦克型号也十分杂乱，具体情况将在下文涉及上述部队时再加以介绍。

党卫军第1装甲团重装甲连

在1941年夏季至1942年初的东线作战中，武装党卫军部队的狂热作风和强悍战力获得了普遍的肯定，因此在1942年各党卫军师在后方进行整编时获得了大幅加强，其中一项重要举措就是加强"警卫旗队"师、"帝国"师和"髑髅"师的装甲力量，为它们优先配置最新的虎式坦克，每师装备一个连。"警卫旗队"师所属党卫军第1装甲团在第1营建制内组建了一个重型坦克连，最初番号为第4连，后来改为第13连，该连先后参加了哈尔科夫战役和库尔斯克战役，后于1943年夏秋扩编为党卫军第101重装甲营。

装备：党卫军第1装甲团第13连在1942年12月接收了第一批10辆虎式坦克，均为取消了炮塔右后方轻武器射击孔的初期改型，并且在车体正面加挂备用履带板，同时该连也与其他早期虎式坦克部队一样混编了15辆Ⅲ号J型坦克。在1943年5月补充给第13连的5辆虎式坦克仍然安装着早期的圆柱形指挥塔，但增加了装填手观察窗，并且在炮塔上加挂了履带板，同时连内剩余的Ⅲ号坦克也全部撤编，移交其他部队。在1943年7月，为了加强在"堡垒"行动中的突击力量，第13连又得到5辆虎式的补充，但它们未能及时运抵前线，错过了主要的战斗行动，这批坦克都配备了新式的HL230P45型发动机。当1943年7月底"警卫旗队"师奉命调往意大利时，仅带走了轻型车辆，而将所有坦克，包括第13连的17辆虎式坦克移交继续留在东线的"帝国"师和"髑髅"师，前者得到了9辆虎式，而后者获得了8辆。

党卫军第1装甲团所属重装甲营（即第101营）的组建工作在意大利北部开始，而第13连成为这个营的基干，27辆虎式坦克（含2辆指挥坦克）于1943年8月交付该连，它们都是采用旧式指挥塔的初期型号，但在炮塔两侧加装了履带板。在重装甲营组建工作尚未完成时，这27辆虎式就随"警卫旗队"师主力调回东线，依然作为加强的重装甲连隶属于党卫军第1装甲团。1944年2月中旬，5辆配备新型指挥塔的全新虎式交付第13连以补充战损。不久，第13连将所有坦克后送维修，人员归属新建的党卫军第101重装甲营。此外，在1944年初还有另外6辆虎式坦克补充到党卫军第1装甲团，它们跟随"警卫旗队"师持续作战至4月间才归建101重装甲营。

编制： 党卫军第1装甲团第13连在最初编成时共有25辆坦克，包括10辆虎式和15辆Ⅲ号，编成四个坦克排，其中一个轻型排辖有5辆Ⅲ号坦克，其他三个坦克排各编有两个班，第1班编有3辆虎式，第2班编有3辆Ⅲ号，连部编有1辆虎式和1辆Ⅲ号，全部坦克均采用三位编号，由于该连最初番号为第4连，所有编号都以4开头，虎式坦克的编号为405、411、412、413、421、422、423、431、432和433号，而Ⅲ号坦克的编号为404、414、415、416、424、425、426、434、435和436号，比较特别的是轻型排的Ⅲ号坦克编号中间为字母L，表示轻型排，编号从4L1至4L5号。

在1943年7月"堡垒"行动前夕，第4连移交了所有Ⅲ号坦克，成为纯粹的虎式坦克连，并按照标准编制进行重编，下辖三个坦克排，每排4辆坦克，连部配有1辆虎式供连长乘坐，同时该连番号改为党卫军第1装甲团第13连，而所有坦克的编号也做了相应改变，采用独特的四位数字编号系统，前两位是表示连番号的13，第1排的坦克编号为1311至1314号，第2排为1321至1324号，第3排为1331至1334号，连长座车为1305号，后来连部又得到了第二辆虎式，编号为1304号。

第13连于1943年秋季在意大利整编时处于超编状态，装备清单显示该连当时装备了27辆虎式坦克，编成五个坦克排，每排5辆坦克，连部直辖2辆，作为党卫军第1装甲团建制内的加强重装甲连。这一时期第13连弃用了四位编号系统，而采用由字母S和两位数字组成的新编号系统，第1排的坦克编号为S11、S12、S13、S14和S15号，其余各排编号依此类推，连部坦克为S05和S04号。在1944年初第13连大部分人员装备转入党卫军第101重装甲营后，暂留在第1装甲团建制内的6辆虎式坦克采用简单的单位数字编号，从1至6号。

涂装与标志： 党卫军第1装甲团第4连接收的早期型虎式坦克均采用装甲灰涂装，后来在对车辆迷彩伪装进行尝试时又在灰色底色上涂以大片的橄榄黄色带，车辆编号涂绘在炮塔侧面中央及炮塔储物箱背面，高度约为炮塔高度的一半，采用黑色边框的空心数字形式，较为特殊的是数字线条终端并不封闭，呈开口样式，铁十字国籍标志涂绘在车体侧面中央。与"警卫旗队"师的其他车辆一样，第4连的虎式坦克也在车体正面左上角绘有该师师徽，一个白色钥匙图案，并饰以缺角盾形外框，后来还在下方增加了橡叶饰，关于这个师徽的起源有很多解释，一说是"警卫旗队"师领导者泽普·迪特里希的姓氏在德语中就有"万能钥匙"的含义，另一种说法是该师在战斗中猛冲猛打，屡创佳绩，犹如打开胜利之门的钥匙。第4连装备的Ⅲ号坦克的涂装及标志与虎式坦克相似，只是师徽移至车体正面右上角。在1943年2月哈尔科夫反击战之前，第4连的坦克均被涂以白色冬季伪装，但炮塔编号、车体国籍标志及师徽周围没有涂白，仍露出灰色底色。

1943年春季，党卫军第1装甲团第4连接收了新的虎式坦克补充，通体采用新的橄榄黄底色，连内原有的坦克也更换了同样的涂装，在橄榄黄底色上又涂以弯曲的棕色条纹迷彩图案。第4连在番号更改为第13连后车辆编号也改为四位数字，其中表示连番号的前两位数字要比后两位数字大30%，高度相当于炮塔高度的40%，涂绘在炮塔两侧稍稍靠后位置，数字为封闭边框空心数字，但边框改为内外两道，内框为黑色，外框为白色，均为很细的线条，值得注意的是数字3的右上角为直线转折。车辆编号同样绘在炮塔储物箱背面，国籍标志绘在车体侧面中央，师徽在车体正面左上角，但所有坦克均未敷设防磁涂层。

1943年秋季，处于超编状态的第13连装备了27辆虎式坦克，这些坦克在运往意大利之前都重新涂绘了迷彩和标志，以适应新战场的环境。第13连虎式坦克的新迷彩涂装与众不同，由宽度各异的绿色、棕色和暗橄榄绿色弯曲线条组成，编号涂在炮塔侧面前部下方位置，高度约为炮塔高度的一半，依旧是黑白双层外框的空心字母或数字，但没有敷设防磁涂层。1944年初交付的6辆虎式坦克则涂以白色冬季伪装，其编号为小型的纯黑阿拉伯数字，位于炮塔侧面前部和储物箱背面，在车体正面和炮塔两侧都挂有备用履带板。

党卫军第2装甲团重装甲连

与"警卫旗队"师的情况类似，另一支党卫军劲旅"帝国"师也在1942年的增编中组建了一个重型坦克连，番号为党卫军第2装甲团第8连，后来扩编为党卫军第102重装甲营。

装备： 1942年12月，党卫军第2装甲团第8连接收了10辆虎式坦克和12辆Ⅲ号坦克，这批虎式安装的是极初期型的炮塔，在炮塔后部两侧均有轻武器射击孔。该连在1943年5月接收的第二批6辆虎式则是加装了装填手观察窗的改良型，但没有更换新型引擎，大部分坦克都在头上位置加挂了履带板。在"堡垒"行动之后，第8连接收了由"警卫旗队"师第13连移交的9辆虎式，全连共拥有22辆虎式坦克，超过了编制数量，1944年2月，第8连接收了最后一批补充坦克，共有6辆虎式，它们是1943年12月生产的，安装了新型指挥塔，但仍使用胶缘负重轮。

编制： 与其他混装虎式和Ⅲ号坦克的早期重型坦克连一样，党卫军第2装甲团第8连也采用了独特的部队编制，全连编有四个混成排（第1～4排）和两个轻型排（第5、6排），每个混成排编有2辆虎式和1辆Ⅲ号，每个轻型排编有4辆Ⅲ号，连部直辖2辆虎式，采用三位数字编号系统，首位数字均为连番号8。在1943年7月"堡垒"行动前夕，第8连经过补充后成为纯粹的重型坦克连，撤编了所有III号坦克，全连14辆虎式按照标准编制编成三个排，每排4辆坦克，连部直辖2辆，作为党卫军第2装甲团建制内的独立重坦克连，坦克编号改为字母S加两位数字的形式。在1943年8月达到超编状态后，该连仍编成三个坦克排，每排5辆虎式，另外在连部下组建了一个连部排，也编有5辆虎式，编制数量达到20辆，沿用之前的字母+数字编号系统。在1944年2月至3月间，在"帝国"师编制内暂时组建了一个包括6辆虎式的战斗群，没有采取任何特殊编制，仅简单地以01至06号编组。

涂装与标志：党卫军第2装甲团第8连最初接收的坦克均为装甲灰涂装，"帝国"师特有的"狼之钩"师徽则绘在车体正面左上角及车体后面左上角，师徽的颜色有黄色和黑色两种形式，后者主要用于冬季白色涂装，坦克编号绘制在炮塔两侧及炮塔储物箱背面，采用白边空心数字。在1943年2月哈尔科夫战役期间，第8连的坦克全部采用白色冬季涂装，车辆编号改为纯黑色数字，但是师徽和车体侧面的国籍标志周围没有涂白。

1943年春季交付党卫军第2装甲团的虎式坦克采用了橄榄黄底色，原有的坦克也更换了涂装，同时采用红棕色和橄榄绿色条纹构成的迷彩图案，所有坦克均未敷设防磁涂层。炮塔侧面及储物箱背面的车辆编号为白边空心数字，尺寸略大于炮塔高度的一半，而且数字边框为断续形式，显然是通过模具喷涂的。位于车体侧面中央的国籍标志则比通常的尺寸大一倍，涂绘位置也略微靠前。

在1943年7月的"堡垒"行动期间，"帝国"师重装甲连的虎式坦克对编号和标志进行了更改，新的字母加数字编号改为白色封闭边框空心数字，高度大约为炮塔高度的40%，同时采用特殊的变形师徽——在一道横线上加两条平行的垂直线，这个师徽图案被绘制在车体正面右上角和车体后面左上角，此外在炮塔侧面前部还绘有一个连队队徽，一个张牙舞爪的小恶魔，据说这个图案在俄国很流行，具有驱除厄运的作用。

1944年初交付"帝国"师的6辆虎式坦克都敷设了防磁涂层，采用白色冬季涂装，炮塔编号数字为黑色，涂绘在炮塔侧面前部，尺寸为炮塔高度的60%。

党卫军第104重装甲营

根据1943年10月22日制定的一项计划，准备在党卫军第4装甲军建制内组建第四个党卫军重装甲营，番号为党卫军第104重装甲营，但这项计划从未实际实施，组建计划后来被取消，部队番号也在1944年5月被撤销。

※ 上图　1943年初抵达东线前线的"大德意志"装甲团重坦克连S20号虎式坦克，这是一辆初期型虎式，配有胶缘负重轮和圆柱形指挥塔。注意炮塔侧面中央的战术编号，其字母S较后面的数字编号更大，这个车辆编号采用白色边框勾勒，S20表示该车是重坦克连第2排的排长座车。

※ 上图　1943年5月，"大德意志"装甲团重坦克连接收了第二批虎式坦克共计6辆，并编成该连的第3排和第4排。图中是正在维修厂进行检修的第3排S32号坦克的炮塔，注意其战术编号的样式较上图有所改变，数字被大幅放大而字母S则被缩小，而且战术编号也被涂绘在炮塔后部的储物箱上。

虎式坦克 全景战史

※ 左图 "大德意志"装甲团第3营第9连的A23号虎式坦克，摄于1943年至1944年的冬季，该连前身即"大德意志"装甲团第13连，后并入第3营，番号改为第9连，同时接受了新的编号样式，由字母A和编号数字组成。

※ 左图 "大德意志"装甲团第3营的虎式坦克除了在车体两侧涂绘标准的铁十字国籍标志外，也在车体后面左侧绘有同样的标志，如本图所示。

※ 下图 "大德意志"装甲团第3营的虎式车组有时也自行涂绘车辆编号，比如本图中该营第9连连长座车A01号，其炮塔侧面的大号数字就是手绘版，尺寸和线条都较为随意。

序 章

※ 右图 1944年7月由火车运往前线的"大德意志"装甲团第3营的虎式坦克，注意车体后面的铁十字标志的位置有所变化，涂绘在左上角位置。值得注意的是在虎式坦克侧面一辆轮式车辆上绘有"大德意志"师的钢盔师徽标志，令人感到奇怪的是，这一著名标志很少出现在该师的虎式坦克上。

※ 右图 1944年夏季，"大德意志"装甲团第3营的一辆虎式坦克从数门德军缴获的苏军76.2毫米野战炮旁边驶过，注意炮塔侧面和储物箱后面都绘有战术编号，该车为C33号，即第3营 第11连 第3排3号车。

虎式坦克 全景战史

012

※ 上图及下图　1942年底，在党卫军"警卫旗队"装甲掷弹兵师建制内编成一个虎式坦克连，番号为党卫军第1装甲团第4连，这也是武装党卫军部队的第一个虎式坦克单位。第4连的虎式坦克最初采用了三位数字编号，涂绘在炮塔侧面，其数字样式很独特，为黑色线条勾勒的开口数字，这一特点可以从本页两幅照片中得到直观的展现。图中是该连的411号坦克在进行越野行驶训练，其中上图的近距离特写清晰地反映了该连早期车辆战术编号的特征，注意炮塔前部的角形支架上没有安装烟雾弹发射器。

序章

※ 上图及下图　1943年7月的"堡垒"行动前夕，"警卫旗队"师的重坦克连经过充实和整编，番号更改为党卫军第1装甲团第13连，其车辆战术编号也改为独特的四位数字形式，分别涂绘在炮塔两侧和炮塔储物箱上，而且表示连番号的前两位数字13在绘制时尺寸要大于后两位数字。上图及下图是该连第1排1311号坦克在库尔斯克战役期间的留影，显示了第13连在当时的车辆编号样式，在上图中还能看到数辆伴随作战的Ⅲ号突击炮。

※ 上图　1943年秋季，以党卫军第1装甲团第13连为基础准备组建党卫军第101重装甲营，但尚未完成组建，"警卫旗队"师就重返前线，该营已经接收的27辆虎式仍以重坦克连的建制跟随师主力开赴东线，由于编制严重超编，所以采用了字母S加数字的车辆编号样式。这种编号方式也曾被"大德意志"师和党卫军"帝国"师所采用，图为该连S35号车炮塔侧面编号的近距离特写照片。

013

虎式坦克 全景战史

※ 上图及下图　1942年底，在党卫军"帝国"装甲掷弹兵师建制内也编成一个虎式坦克连，番号为党卫军第2装甲团第8连，与"警卫旗队"师最初的第4连一样，采用以数字8为首位的三位数字车辆编号，涂绘在炮塔两侧和储物箱上，如上图该连821号车在1943年初的一幅战地留影所示；令人莞尔的是，这辆虎式坦克正面还涂绘了一个米老鼠的卡通形象。下图是该连832号虎式坦克在1943年2月哈尔科夫战役期间的一幅照片，注意车体后面左上角位置的"帝国"师"狼之钩"师徽图案以及与其并排绘制的铁十字国籍标志，这种涂绘方式在虎式坦克部队中很罕见。

序 章

※ 本页组图　在二战时期所有虎式坦克的车辆涂装标志中，最为奇特和最能引起中国军迷兴趣的莫过于福字号老虎了。这辆虎式坦克是"帝国"师党卫军第2装甲团重坦克连的S33号，除了标准编号外，这辆虎式还在车体正面右侧和车体两侧描绘了三个汉字"福"字，而且按照中国传统习俗写成倒置的形式，寓意"福到了"。关于"福"字标志的来源有多种说法，一种流行的说法是20世纪30年代蒋纬国留学德国时将"福"字风俗传到德军中，另一种更加靠谱的说法是，这辆坦克的车长娶中国女子为妻，并受到东方风俗的影响在座车上采用了这种充满中国特色的标志，不过"福"字并未给这辆坦克带来好运，该车车长后来在战斗中阵亡，坦克也被击毁。

015

虎式坦克 全景战史

※ 上图　1943年春季，党卫军第2装甲团第8连的812号虎式坦克，这辆坦克的编号以白色实心数字的样式绘制在炮塔侧面；比较特别的是在车体侧面前部写有Tiki一词，是德语"老虎"一词的昵称。

※ 左中图　1943年春季党卫军第2装甲团第8连在进行整编时重新分配并喷涂了车辆编号，图中的823号车原为832号车，新编号明显是用模板喷涂而成。

※ 左下图　在"堡垒"行动期间，党卫军第2装甲团第8连的虎式坦克也采用了"帝国"师的变形师徽，图中这辆坦克将这个师徽标志涂绘在左侧后挡泥板上，同时在车体后面左侧绘有铁十字标志。

序 章

※ 右图 在"堡垒"行动前夕，党卫军第2装甲团第8连更换了车辆编号系统，采用字母S加数字的样式，涂绘在炮塔两侧和储物箱上，字母和数字都是白色空心样式。本图是从近距离拍摄的该连连部S02号坦克的炮塔侧面特写。

※ 右图 库尔斯克战役期间，党卫军第2装甲团第8连连部S02号虎式坦克的另一幅照片。图中坦克炮塔转向车尾方向，从而展现出炮塔储物箱上的车辆编号，同时还能观察到车体正面右侧的变形师徽标志。

017

虎式坦克 全景战史

※ 陆军"大德意志"装甲团第13连S12号虎式坦克，1943年1月新哈默训练场。车身采用传统的德国灰涂装，炮塔侧面的编号数字为白色空心样式，且字母S的尺寸略大，在车体侧面中央绘有铁十字国籍标志。

※ 陆军"大德意志"装甲团第13连S23号虎式坦克，1943年7月中央集团军群战区布良斯克前线，依旧采用灰色车体涂装，但炮塔侧面的编号数字尺寸明显增大，不知出于何故，编号中的字母S被涂抹消失。

※ 陆军"大德意志"装甲团第3营第10连B02号虎式坦克，1943年8月南方集团军群战区阿赫特尔卡地区。全车涂以橄榄黄色涂装，但个别地方仍显露出原有的灰色底色，车辆编号为黑色，线条细长。该团第3营各连的坦克编号以A、B、C首字母加以区分。

序 章

※ 陆军"大德意志"装甲团第3营第11连C31号虎式坦克,1944年2月切尔卡瑟地区。全车涂以白色冬季涂装,车辆编号为黑色,涂绘在炮塔侧面及储物箱背面,但没有涂绘铁十字国籍标志。

※ 陆军"大德意志"装甲团第3营的补充虎式坦克,由第500装甲训练补充营的车组驾驶,1944年6月冈宾嫩地区。全车涂以一种罕见的黄褐双色迷彩,由大块的直线条迷彩色块构成,类似于碎片迷彩的风格,全车没有涂绘任何编号和标志。

※ 陆军"大德意志"装甲团第3营第9连A12号虎式坦克,1944年9月北方集团军群"恺撒"行动期间。全车涂以棕色、绿色条纹迷彩,迷彩色块边缘模糊,这种形式的迷彩在战争中后期较为常见,车辆编号由黑色颜料绘制。

虎式坦克 全景战史

※ 陆军"费尔曼"虎式战斗群的F01号虎式坦克，1945年4月德国中部比克堡地区。全车涂以一种色调较深的条纹迷彩，车辆编号采用红底白边数字，但没有涂绘铁十字国籍标志。

※ 陆军第506重装甲营第4连411号虎式坦克，1944年12月德国西部地区，这辆虎式是原"胡梅尔"重装甲连的成员，后来该连并入第506营，成为该营第4连。全车涂以棕绿色条纹迷彩，车辆编号采用绿底白边数字，铁十字国籍标志的位置靠近车尾。

※ 陆军帕德博恩重装甲连R3号虎式坦克，1944年10月德国亚琛地区。这辆虎式来自第500装甲训练补充营，全车仍涂以出厂时的橄榄黄底色，没有施以迷彩，车辆编号为黑色，车体侧面中央为铁十字国籍标志。

※ 陆军第508重装甲营第1连122号虎式坦克，1944年5月意大利阿普里利亚地区。这辆虎式来自原"迈尔"重装甲连，该连的车组将坦克昵称书写在车体正面。

※ 陆军"迈尔"重装甲连8号虎式坦克，1943年12月意大利罗马以南地区。这辆虎式坦克的车体采用由棕色、绿色色块构成的迷彩，车体正面中央绘有车辆昵称，在首下位置还有一个波罗的海十字图案。

※ 陆军"胡梅尔"重装甲连111号虎式坦克，1945年4月德国西部地区。该连曾一度并入第506重装甲营，1945年2月脱离该营配属其他德军部队作战。

虎式坦克 全景战史

※ 党卫军第1装甲团第4连404号虎式坦克，1943年2月哈尔科夫地区。这辆虎式全身涂以白色冬季涂装，但在车辆编号、国籍标志及营徽等部位仍保留了灰色底色，车辆编号为黑色空心开口数字，车体正面左上角绘有"警卫旗队"师师徽。

※ 党卫军第1装甲团第4连405号虎式坦克，1943年4月哈尔科夫地区。这辆虎式已经除去白色冬季涂装，在灰色底色上涂以橄榄黄色迷彩条纹，构成一种早期的迷彩涂装，车辆编号样式不变。

※ 党卫军第1装甲团第13连1331号虎式坦克，1943年7月"堡垒"行动期间。这辆虎式在橄榄黄底色基础涂以绿色斜纹迷彩图案，车辆编号样式改为闭口空心数字，并有黑白两道边框，表示连番号的前两位数字尺寸较大。

序 章

※ 党卫军第1装甲团第13连S55号虎式坦克，1943年11月东线中部战区。这辆虎式采用棕绿双色条纹迷彩，车辆编号样式仍为闭口空心数字和字母，并有黑白两道边框。

※ 党卫军第1装甲团第13连2号虎式坦克，1944年2月切尔卡瑟地区。这辆虎式是1944年初补充到"警卫旗队"师的6辆虎式坦克之一，它们采用简单的单位数字编号，车身为白色冬季涂装，车辆编号为纯黑色数字。

※ 党卫军第1装甲团第13连S45号虎式坦克，1944年2月东线中部战区。这辆虎式采用白色冬季涂装，车辆编号样式为白色空心数字和字母。

虎式坦克 全景战史

※ 党卫军第1装甲团第4连轻型排4L4号Ⅲ号J型坦克，1943年1月法林格博斯特尔。这辆Ⅲ号坦克采用灰色车身涂装，车辆编号中的字母L表示轻型排。

※ 党卫军第2装甲团第8连轻型排864号Ⅲ号J型坦克，1943年2月哈尔科夫地区。这辆Ⅲ号坦克采用白色冬季涂装，车辆编号为纯黑色数字，右上角为"帝国"师师徽图案，通常被涂绘在坦克车体正面和后面。

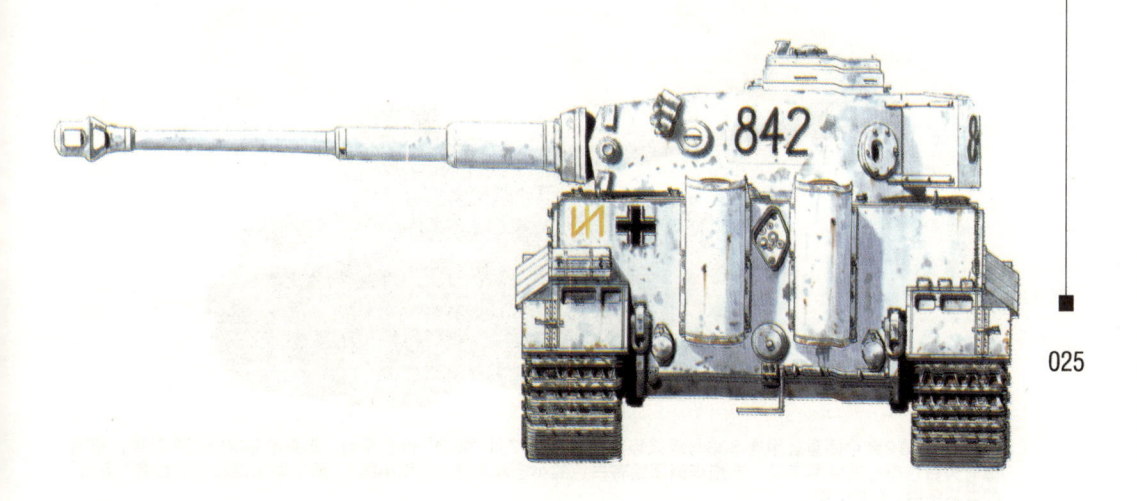

序 章

※ 党卫军第2装甲团第8连842号虎式坦克，1943年2月哈尔科夫地区。车身为白色冬季涂装，车辆编号为纯黑色数字，注意车体后面左上角位置并排涂绘了"帝国"师师徽和铁十字国籍标志。

※ 党卫军第2装甲团第8连322号虎式坦克，1943年4月哈尔科夫地区。这辆虎式采用橄榄黄底色加棕色、绿色迷彩条纹图案，车辆编号为模板喷绘的空心数字。

虎式坦克 全景战史

※ 党卫军第2装甲团重装甲连 S33号虎式坦克，1943年7月"堡垒"行动期间。车身涂有棕色迷彩条纹，车辆编号为白色空心数字和字母，在炮塔侧面绘有白色的小恶魔形象（左侧小图），而车体正面右上角绘有"帝国"的变形师徽（右侧小图）。

※ 党卫军第2装甲团第8连812号虎式坦克，1943年4月哈尔科夫地区。这辆虎式采用灰色底色加沙黄色迷彩色带涂装，车辆编号为纯白数字，车体前部的铁十字国籍标志为白色轮廓样式，在其前方还有 Tiki 的缩写标志，在炮管上有三个黑色击杀标志。

※ 党卫军"帝国"师装甲战斗群的01号虎式坦克，1944年4月东线中部地区。全车采用白色冬季涂装，炮塔编号数字线条较为粗大。

第1章 德国陆军"大德意志"装甲团第13连行动日志

根据德国陆军第三军区于1943年1月5日签发的命令,"大德意志"装甲团应组建一个重装甲连,其编制和装备配置按照1942年12月15日发布的装备编制表进行,这项命令还要求为该连配备一个维修排。这个新装甲连的番号为"大德意志"装甲团第13连,其形成战斗力的时间不应迟于1943年2月3日。

"大德意志"装甲团第13连的骨干来自第203装甲营第3连及该营的维修排,组建工作于1943年1月13日在新哈默(Neuhammer)的训练场启动,其对应的补充单位是驻扎在科特布斯(Cottbus)的"大德意志"掷弹兵补充旅,首任连长是瓦尔罗特(Wallroth)上尉。第13连最初仅装备9辆虎式坦克,于1943年2月并入"大德意志"装甲团(下辖两个营),并被调往东线战场,目的地是波尔塔瓦(Poltava)。

1943年2月17日:第13连的首批部队抵达波尔塔瓦。

1943年2月26日:第13连准备参加夺回哈尔科夫(Kharkov)的反击行动,奉命在雷舍蒂洛卡(Reschetilowka)附近集结。

1943年2月28日:第13连可用兵力为4辆虎式坦克。

1943年3月3日:第13连可用兵力为5辆虎式坦克。

1943年3月5日:第13连加入施特拉维茨战斗群(Kampfgruppe Strachwitz,由"大德意志"装甲团团长施特拉维茨上校指挥),在楚贝尔托沃(Tschutowo)东南地区集结,全连有7辆虎式可以行动。

1943年3月6日:第13连的可用兵力为6辆虎式坦克。

1943年3月7日:德军开始进攻,第13连随同友军部队于当日6时15分通过查巴诺夫卡(Tschabanowka),经莫苏莱夫卡(Mosulewka)、亚历山德罗夫卡(Alexandrowka,7时30分)、莫洛坚斯基(Molodezkij,8时30分),最终在9时50分抵达柯姆塔库索沃(Komtakusowo)。德军进攻部队在未遭遇顽强抵抗的情况下于下午晚些时候突击至

虎式坦克 全景战史

佩列科皮（Perekop）南部地区，苏军在戈索夫（Gosow）和彼得罗夫斯基（Petrowskij）附近的坚固阵地也被德军摧毁，但是当日的进攻目标——位于施拉哈奇（Schljach）的交通枢纽未能攻取，第13连在首日战斗中有一辆虎式受损。

1943年3月8日：德军装甲部队踏着厚厚的积雪继续进攻，向东攻占了施拉哈奇，然后转向北面进击，目标是斯塔雷默奇克（Staryj Mertschik）。战斗持续了九个小时，"大德意志"装甲团在当天击毁了20余辆苏军坦克。

1943年3月9日：为了阻止苏军部队向东撤退，"大德意志"装甲团在当日向奥尔尚涅（Olschany）至博戈杜霍夫（Bogoduchoff）的公路展开突击，但这一行动受到糟糕路况的阻碍。因为缺乏燃油，无力向东北方向继续突破，于傍晚时分在波波夫卡（Popowka）附近占据掩护阵地，第13连能够作战的坦克数量是7辆。

1943年3月10日：由于没有得到燃油补给，第13连未能实施战斗行动，没有取得战果，全连可以作战的坦克数量是6辆，随后奉命向克吕斯诺（Kryssino）以南的190.7高地后方集结，为进攻博戈杜霍夫做准备。

1943年3月11日：德军经莫尔特斯恰内（Moltschany）附近的梅尔拉（Merla）向东北方进攻，经过两个小时的激战于11时30分在斯恩亚卡（Ssennjanka）附近切入苏军战线，从东面逼近博戈杜霍夫，随后向列斯科夫卡（Leskowka）和施特舍巴基（Schtscherbaki）实施追击。至傍晚时分，斯恩亚卡附近的苏军阵地均被占领，但第13连的虎式坦克因各种原因全部失去行动能力。

1943年3月12日："大德意志"装甲团向格雷沃龙（Graiworon）展开攻击，至中午时分施特拉维茨战斗群在舍韦特申科（Schewtschenko）附近占据了一处出发阵地，经马克西莫夫卡（Maximowka）向东进攻，经格雷沃龙卡（Graiworonka）抵达格雷沃龙，当日第13连可以作战的坦克数量为4辆。

1943年3月13日：由于马克西莫夫卡附近的一座桥梁被炸毁，德军补给车队被迫绕道而行，延误了行程，导致德军计划5时发动的进攻只能推迟，直到中午12时补给车队才与坦克部队会合；德军继续进攻，穿过安东诺夫卡（Antonowka），经索苏利（Sosuli）于傍晚17时抵达鲍里斯卡（Borissowka）外围，并在斯特里贡尼（Striguny）、杜比诺（Dubino）、别连科（Belenko）、洛金斯基（Lokinskij）等几个村落之间建立了环形防御阵地。当日，第13连的可用坦克数量是6辆。

1943年3月14日："大德意志"装甲团第1营及第13连成功挫败了苏军从鲍里斯卡以东发起的反击，60辆参与攻击的苏军坦克中有46辆被击毁，当天第13连有4辆虎式坦克可以作战。

1943年3月15日：当日凌晨0时30分，苏军向鲍里斯卡东部及东北部地区发起

第1章　德国陆军"大德意志"装甲团第13连行动日志

数次夜袭,均被击退,德军击毁了27辆苏军坦克,当日第13连的可用兵力为3辆坦克。

1943年3月16日:德军再次打退了苏军的数次装甲突击,摧毁了40辆坦克,随后转入追击,但在斯特里贡尼(Striguny)附近遭遇强烈抵抗,停止追击。第13连仅剩1辆坦克尚能作战。

1943年3月17日:当日没有发生战斗,第13连可用兵力为2辆虎式坦克。

1943年3月18日:德军经斯塔诺夫亚(Stanowoje)、奇沃斯托夫卡(Chwostowka)进攻别索诺夫卡(Bessonowka),击毁15辆苏军坦克,随后穿过240.5高地,于下午4时在多尔宾诺(Dolbino)与向别尔哥罗德(Bjelgorod)进攻的党卫军装甲军的部队建立了联系,此时第13连的全部坦克都失去了行动能力。

1943年3月19日:在加里宁纳(Kalinina)经历了激烈的坦克交战后,德军向东面经别索诺夫卡、诺瓦亚(Nowaja)和杰列维扬(Derewnja)攻击托马罗夫卡(Tomarowka),随后转向鲍里斯卡运动,其意图是控制通往东面苏军进攻集结地的公路。在当天的战斗中,德军击毁了31辆坦克和29门反坦克炮,第13连已经没有坦克可以投入行动。

1943年3月20日:德军就地转入防御,自3月7日发起进攻以来,第13连的虎式坦克累计击毁了30辆苏军坦克,但所有坦克均失去作战能力。

1943年3月21日:当天没有发生战斗,第13连仍无坦克恢复作战能力。

1943年3月22日:在前线地带仅爆发了零星的小规模战斗,"大德意志"师奉命担任机动预备队,准备撤离前线向波尔塔瓦以北地区转移。

1943年3月23日:"大德意志"师将阵地移交第167步兵师后,向格雷沃龙集结。

1943年3月24日:"大德意志"师于傍晚时分开始转移,"大德意志"装甲团第2营及其他师附属单位组成博伊尔曼战斗群(Kampfgruppe Beuermann),留在鲍里斯卡作为预备队。

1943年3月26日:第13连终于有一辆虎式恢复了作战能力,在随师主力抵达新集结地后开始休整,同时为"堡垒"行动进行准备。

1943年3月31日:第13连的可用兵力为1辆虎式坦克。

1943年4月19日:第13连有3辆虎式可以行动。

1943年4月20日:第13连有3辆虎式可以行动。

1943年4月30日:第13连全部9辆虎式均可投入作战。

1943年5月14日:第13连接收了6辆新的虎式坦克,全连保有坦克数量增至15辆。

1943年5月20日:第13连当日可用兵力为4辆虎式坦克。

1943年5月21日:"大德意志"摩托化步兵师改称为"大德意志"装甲掷弹兵师。

1943年5月30日:第13连的15辆虎式坦克全部可以使用。

1943年6月10日：第13连当日可用兵力为12辆虎式坦克。

1943年6月30日：在6月间，第13连的可用兵力始终维持在12辆坦克的规模。

1943年7月4日：当天夜间，第13连随同"大德意志"师其他部队从莫施特申诺亚（Moschtschenoje）以北地区向229.8高地以南地区转移，进入进攻出发位置。

1943年7月5日："堡垒"行动开始。"大德意志"师于凌晨4时跨越铁路线展开进攻，在花费较长时间克服了数道雷场后，于5时30分抵达贝雷斯伊奇（Bereswyji）以东的格尔佐夫溪（Gerzowka Creek）岸边。根据师部命令，"大德意志"装甲团被置于第10装甲旅指挥下，这个旅是一个临时指挥机构，以便协调指挥两个装备新型"黑豹"坦克的装甲营。当天夜间，"大德意志"装甲团从229.8高地以北向西运动，试图通过由第3装甲师夺取的一处渡口渡过格尔佐夫溪，但这个行动未能取得成功，于是在开阔地带原地休息。当日战斗结束时，第13连尚有3辆虎式坦克可以作战，但没有人员伤亡。

1943年7月6日：当日清晨，第13连经布托沃（Butowo）向244.5高地周边地区前进，于10时40分同"大德意志"装甲团第1营、第39装甲团一道从公路左侧发起攻击，大约在12时30分突破了241.1高地西南面的反坦克壕障碍带。下午14时，第13连的虎式坦克在"黑豹"坦克群后面跟进突击，攻克了241.1高地，此时全连仅剩2辆虎式可以作战。

1943年7月7日：第13连于8时45分继续进攻，在遭到苏军猛烈炮击后被迫退回247.2高地的反斜面阵地，随后又向230高地以东实施右翼迂回运动，但在一片沟壑附近遭遇不利地形和雷区的阻碍，该连的虎式坦克最后全都半路抛锚了。

1943年7月8日：德军于清晨5时沿着斯尔泽沃（Ssyrzewo）至韦绍彭耶（Werchopenje）的公路继续前进，再度遭遇掘壕据守的苏军反坦克炮及坦克的猛烈阻击，最后在韦绍彭耶东南地区建立环形防御阵地，当日第13连在抢修后有8辆虎式恢复作战能力。

1943年7月9日：上午8时，第13连投入10辆虎式继续进攻，从韦绍彭耶以东的高地向村庄以北的高地挺进，遭遇苏军反坦克炮和远程火炮的炮击，随后从西南方向攻击260.8高地周边的苏军据点，在高地左侧占领了掩护阵地，便于随后向韦绍彭耶实施迂回攻击，大量苏军坦克在战斗中被击毁。"大德意志"师的部队继续攻击，并在韦绍彭耶东北方与友军部队建立联系，但受阻于一道坚固的反坦克防线而停滞。德军坦克于晚间19时撤退，转而向258.5高地运动，前出至诺沃斯洛夫卡（Nowosselowka）西南方的隘路，并在那里宿营休息。拂晓时分，在前沿发现超过30辆苏军坦克，此时第13连可以作战的虎式坦克仅剩3辆。

第 1 章　德国陆军"大德意志"装甲团第 13 连行动日志

1943年7月10日：德军沿韦绍彭耶、别列索夫卡（Beresowka）和多莱基（Dolaij）一线成功抵御了苏军的反击，在随后的进攻中越过了韦绍彭耶以西4公里的公路。

1943年7月11日：在维修排的努力下，第13连当日可用兵力恢复至11辆虎式坦克，于清晨7时发起进攻，由虎式坦克率先突击，"黑豹"坦克紧随其后，苏军防线显露出崩溃的迹象，德军于上午10时夺取了当日的作战目标——342.8高地。工兵及侦察部队在2辆虎式的伴随下向佩纳（Pena）方向展开行动，途中遭遇一处雷场，一辆虎式触雷丧失行动能力，在后续跟进的步兵抵达后迅速与坦克一道建立了环形防线。

1943年7月12日：第13连在5时30分出发，沿着先前的进攻路线进入260.8高地以西的一片小树林，并在那里休息了数小时，在下午15时左右接到警报，进入警戒阵地，防备苏军的一次渗透行动，但命令很快改为继续向北突击。在成功占领260.8高地之后，该连又接到命令退回出发阵地，因为一支苏军部队突破了韦绍彭耶西南方的战线，5辆虎式坦克被部署在韦绍彭耶以西2公里的树林边缘，击退了苏军的反击。当日晚间双方还在258.5高地以北的树林附近发生交战。德军于22时占领了掩护阵地，第13连有5辆坦克可以作战。

1943年7月13日：第13连在韦绍彭耶以西4.5公里的高地附近展开行动，随后向别列索夫卡东北部集结。

1943年7月14日：第13连奉命从乔帕耶夫（Tschopajew）以东发动进攻，苏军在乔帕耶夫以北3公里处的高地上进行了抵抗，但难以抵挡虎式坦克的冲击，德军趁势继续推进，抵达诺夫恩科耶（Nowenkoje）东南方2.5公里的高地周边。

1943年7月15日：第13连的5辆虎式投入战斗，但德军的攻势在诺夫恩科耶东北方陷入停滞，当日击毁了16辆苏军坦克。

1943年7月16日：德军击退了苏军的数次反击，第13连当日可用兵力为5辆虎式坦克。

1943年7月17日：第13连当日有8辆坦克可以行动。

1943年7月18日："大德意志"师接到命令，将阵地移交第3装甲师后撤离前线，调往中央集团军群的战区。

1943年7月19日：德军在库尔斯克地区的攻势彻底终止，所有部队撤回出发阵地。"大德意志"师乘火车前往布良斯克（Bijansk），在卡拉齐夫（Karatschew）郊外露营。同日，渗透的苏军部队威胁到布良斯克和卡拉齐夫之间的主要道路。

1943年7月20日：第13连可以作战的坦克数量为10辆。

1943年7月25日：第13连的2辆虎式坦克奉命支援"大德意志"师装甲侦察营的接敌行动。

1943年7月30日：福尔克（Folke）少尉指挥2辆虎式坦克试图解救被困在211.7高地的友军部队，但由于苏军的强烈阻击而被迫放弃行动。

1943年7月31日：第13连可以作战的坦克数量为6辆。

1943年8月1日：第13连可用兵力为5辆坦克，当日没有发生战斗，次日也十分平静。

1943年8月3日：德军从伊索莫洛索尼（Ismorosnj）以南向西北方发起进攻，第13连的3辆虎式在奉命支援"大德意志"装甲掷弹兵团第2营进攻"黄色高地"时发生故障抛锚，在战斗中有6辆T-34被击毁，德军恢复了先前的主战线。

1943年8月4日："大德意志"师再度接到调动命令，将阵地移交第8装甲师，从布良斯克乘火车前往阿赫特尔卡（Achtyrka），以解救那里正在发生的危机——苏军已经突破了托马罗夫卡至鲍里斯卡之间的德军防线。

1943年8月7日：第13连的可用兵力为6辆虎式坦克。

1943年8月8日：第13连在特罗斯特亚涅茨（Trostjanez）卸车，并迅速投入战斗，协助友军部队击退了苏军的数次进攻。在近期的防御战斗中，第13连先后损失了6辆虎式，全连保有坦克数量降至9辆。

1943年8月10日：第13连仅有1辆虎式可以行动。

1943年8月14日：第13连并入新组建的"大德意志"装甲团第3营，番号改为第9连。

1943年8月15日：第13连所属维修排并入"大德意志"装甲团维修连。

战果统计

从1943年3月至同年8月，"大德意志"装甲团第13连以损失6辆虎式坦克的代价，在战斗中击毁了超过100辆苏军坦克。

"大德意志"装甲团第13连历任指挥官

瓦尔罗特（Wallroth上尉，1943年1月13日至1943年8月15日）

第1章 德国陆军"大德意志"装甲团第13连行动日志

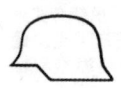

陆军"大德意志"装甲团第13连编制序列
（1943年5月）

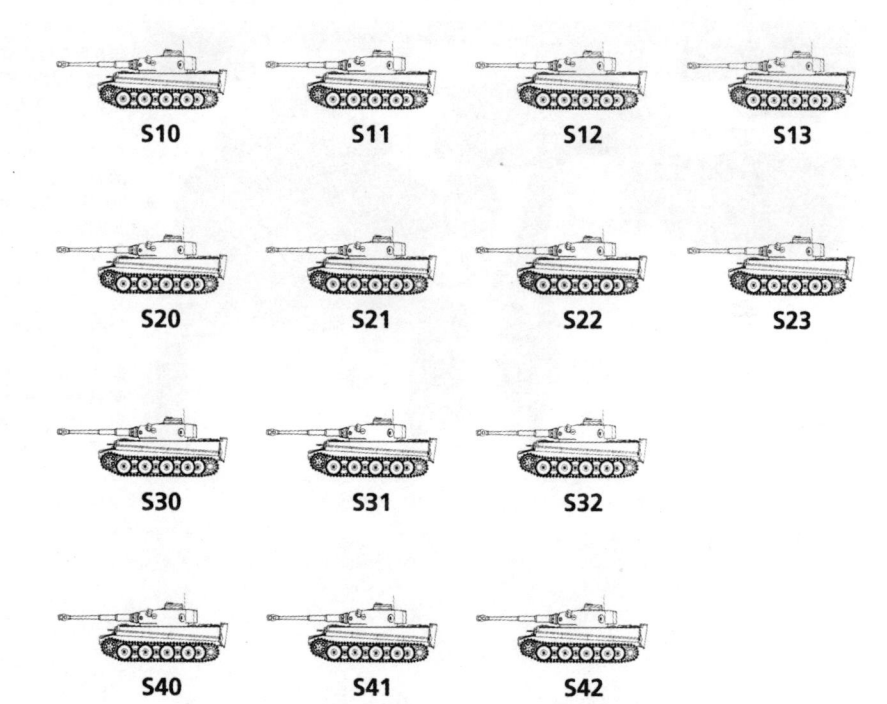

S

S01

S10　S11　S12　S13

S20　S21　S22　S23

S30　S31　S32

S40　S41　S42

虎式坦克 全景战史

※ 左图 1943年3月哈尔科夫战役期间，"大德意志"装甲团第13连的一辆虎式坦克因机械故障停在路边等待维修。这辆虎式是第40辆量产坦克，此时尚未涂绘编号和标志，值得注意的是这辆虎式拆去了第一对外侧负重轮。

※ 左图及下图 1943年3月6日，施特拉维茨战斗群在查巴诺夫卡集结，准备投入哈尔科夫反击作战。照片中央左侧带黑色战斗帽的就是战斗群指挥官，"大德意志"装甲团团长施特拉维茨上校，在他身后是属于团部的2辆Ⅲ号坦克（01、02号）；在远处左侧是另外两辆Ⅲ号坦克，而在远处右侧是属于第13连的2辆虎式坦克。下图是战斗群集结地的另一幅照片，可以看到数辆虎式坦克以及Ⅲ号、Ⅳ号坦克。

第1章 德国陆军"大德意志"装甲团第13连行动日志

※ 三幅照片均拍摄于1943年3月初,"大德意志"师施特拉维茨战斗群沿公路向佩列科皮进攻期间,展示了"大德意志"装甲团第13连的虎式坦克踏雪前行的风采。尽管大地白雪皑皑,但初次参战的第13连的虎式坦克仍保持着出厂时的灰色涂装,尚未喷涂白色冬季伪装色。

虎式坦克 全景战史

※ 左图 在向博戈杜霍夫进攻期间，第13连的一辆虎式坦克发生机械故障，瘫痪在行军途中，维修人员打开发动机舱的盖板，对坦克引擎进行检查，寻找故障原因，注意这辆虎式坦克在车体后部两侧装有空气滤清器。

※ 中图 第13连的S20号虎式坦克沿着佩列科皮至博戈杜霍夫的公路高速行进，此时坦克上的所有舱门全部关闭，表明已经接近前沿地带，随时可能发生战斗，车组成员已经处于高度戒备状态。由于路面被冰雪覆盖，公路一侧的电线杆就成为部队开进的路标。

※ 下图 一群德军士兵围在第13连的S40号虎式坦克周围，似乎发生了一些不寻常的事情。这辆虎式坦克在炮塔储物箱上覆盖了一面卐字旗，作为对空识别标志，以免被己方飞机误击。

第1章　德国陆军"大德意志"装甲团第13连行动日志

※ 上图及下图　对于第13连的虎式坦克而言，东线战场上的地形条件和道路状况是比苏军火炮和坦克更加令人感到麻烦的敌人，在战斗中身躯庞大、体量沉重的"老虎"往往被困在大自然的陷阱中难以自拔，在冬季作战时那些试图越过结冰河面的虎式坦克几乎都遭遇了本页两幅照片所显示的尴尬情形。上图是第13连连长乘坐的01号坦克不慎压碎了冰面，车首陷入河中，在倾斜的河岸上，这辆坦克很难依靠自身动力倒车，只能等待其他车辆的拖曳，在照片近处的地面上放有一根拖曳钢缆充分说明了当时的情形；而下图的状况更加严重，S13号坦克在试图营救另一辆陷入冰水中的虎式坦克时，自己也被困住，两只"老虎"只好一起泡在冰冷的河水中，期待救援部队前来解救。

虎式坦克 全景战史

※ 左两图 "大德意志"装甲团第13连维修排的4名士兵在一辆5吨机动吊车前合影留念（上图），这辆吊车安装在一辆18吨半履带牵引车的底盘上，尽管5吨吊车无法吊起虎式坦克的整个炮塔，但是足以吊运引擎等较大的零部件（下图），在虎式坦克的维修作业中是非常重要的辅助车辆。

※ 下图 属于"大德意志"装甲团第13连维修排的一辆厢式卡车，车前的士兵中最左侧那位身穿黑色装甲兵夹克上衣，可能是一位坦克车组成员，而另外三位穿着肮脏油腻的工作服，显然是维修排的修理工。他们身后的厢式卡车可以装载无线电设备或发电机，也是非常重要的辅助车辆。

第1章 德国陆军"大德意志"装甲团第13连行动日志

※ 上图及下图　在成功实施了哈尔科夫反击作战后,"大德意志"师奉命撤出前线,向波尔塔瓦转移。本页的两幅照片均摄于该师部队向波尔塔瓦开进途中,上图是"大德意志"装甲团第13连的一辆虎式坦克与一辆轻型卡车并排行驶,下图则是第13连行军纵队的远景照片,可以分辨出4辆虎式坦克的身影。注意公路的路面已经相当泥泞,而路旁的冰雪已经出现消融的迹象。

虎式坦克 全景战史

※ 本页组图 1943年3月底,"大德意志"师的人员装备被装上火车,准备运往波尔塔瓦。这两幅图片就是由火车运输的第13连的虎式坦克及辅助车辆,上图中数名德军士兵在一辆虎式坦克前商讨事情,从照片看虎式坦克似乎没有更换窄幅履带;下图是装在平板货车上的半履带牵引车,为了防止在运输途中因晃动等原因导致车辆坠落,在货车边缘插有多根钢轨作为护栏,车首也用钢缆固定。

第1章　德国陆军"大德意志"装甲团第13连行动日志

※ 右图　"大德意志"装甲团第13连的轮式车辆沿公路开进，可见车队队形相当密集，只有在相对安全、不易遭到敌军空袭的后方地带才允许采用如这种密集队形前进。

※ 右中图　"大德意志"装甲团第13连的S20号虎式坦克沿公路驶出波尔塔瓦城，向部队的春季休整营地前进，可见公路路面相当平整，但是在东线战场上这种路况良好的道路非常稀少。

※ 下图　春季降临，冰雪融化，河水暴涨，在三月攻势中陷入冰河中的S12号虎式坦克已被河水淹没，仅剩炮塔顶部露出水面，无奈地等待另一次救援行动的开始。

虎式坦克 全景战史

※ 左图 "大德意志"师师长曼陀菲尔将军乘坐桶车视察部队，在他身后可以看到一辆虎式坦克的身影。

※ 下图 1943年5月初，"大德意志"师进驻哈尔科夫以北的集结地域，开始为"堡垒"行动进行备战。这幅图片拍摄于"大德意志"装甲团的后方维修厂，可见有数辆属于第13连的虎式坦克正在接受维修。

第 1 章　德国陆军"大德意志"装甲团第 13 连行动日志

※ 本页及下页组图　这些照片均拍摄于1943年5月，表现了"大德意志"装甲团第13连的虎式坦克在后方维修厂进行检修的场面。本页两幅照片是维修人员在工作间歇围着一辆虎式坦克拍摄的，他们的脸上洋溢着轻松的笑容，就如初夏阳光般和煦，尤其是下图中骑在虎式坦克主炮炮管上的士兵似乎特别开心。下页的两幅照片则表现了维修排进行紧张作业的情景，他们使用一部门式吊车将虎式坦克的炮塔吊起，以便对车体内部进行检查和维修，有两个细节值得注意：一是下页上图的虎式坦克在车尾两侧装有空气滤清器，二是下页下图的虎式坦克车体侧面固定有用于越障的树干。

虎式坦克 全景战史

第1章　德国陆军"大德意志"装甲团第13连行动日志

※ 上图　"大德意志"装甲团第13连维修排的人员在检查修理虎式坦克的零部件。

※ 下图　在"堡垒"行动前夕,"大德意志"装甲团第13连组织训练,对新补充的车组成员进行作战技能的强化培训,这幅照片就是新车组操纵虎式坦克进行通过河流浅滩的训练。

※ 上图　这幅照片同样摄于涉水训练期间，这辆虎式坦克显然没能完成训练目标，陷入河中，正在原地等待拖曳。

※ 下图　"大德意志"装甲团第13连的齐伦贝格少尉在向一群参观者介绍连里的虎式坦克，他左胸上佩戴一枚一级铁十字勋章，看来也是一名久经战阵的老兵，有趣的是他将衬衣衣领翻在制服领口的外面。

第1章　德国陆军"大德意志"装甲团第13连行动日志

※ 上图及下图　在为"堡垒"行动备战期间,"大德意志"装甲团第13连的虎式坦克经常参与各种训练和演习,比如配合工兵部队进行野战架桥训练。在这两幅照片中,该连的S22号坦克正在检验一座工兵架设的军用便桥的强度,看起来结果并不乐观,因为坦克车体已经向桥梁一侧倾斜,有坠桥的危险。

虎式坦克 全景战史

※ 左图 "大德意志"装甲团第13连维修排的两名士兵在休息时间缝补衣物，一旦战斗开始，他们就要忙于修理"老虎"，恐怕就没有时间做针线活了。

※ 左图 为了修理虎式坦克的变速箱，必须先将炮塔吊起，同时还要取出车体内储存的主炮炮弹。图中几名第13连的士兵正在进行这项工作，这些88毫米炮弹尺寸不小，高度及腰。

※ 左图 第13连的施塔德勒少尉在一辆虎式坦克面前面对镜头做了一个非常夸张可笑的表情，这种诙谐幽默的场景不太可能出现在紧张激烈的战斗期间，只能说明该连还在休整时期。

第1章　德国陆军"大德意志"装甲团第13连行动日志

※ 右图　在库尔斯克战役中,"大德意志"装甲团第13连的所有虎式坦克都遭遇到苏军的猛烈火力攻击,但表现出优良的防御性能,只有少量虎式被击毁,图为一辆虎式坦克指挥塔中弹受损的细节照片。

※ 右图　在库尔斯克战役期间,"大德意志"装甲团第13连维修排的两辆18吨牵引车将一辆失去行动能力的虎式坦克拖离战斗区域,前往后方维修厂接受修理。

※ 右图　在库尔斯克战役期间,"大德意志"装甲团第13连的两辆虎式触雷瘫痪,正由维修人员更换履带和负重轮。值得注意的是这两辆坦克的无线电天线上都挂着一面小旗,这是为了让维修分队从远处看到受伤坦克而特别设计的。

虎式坦克 全景战史

※ 上图 "大德意志"装甲团第13连的几名士兵在观察一辆虎式坦克的奇特损伤，一枚苏军76.2毫米炮弹直接洞穿了虎式坦克的炮管，导致主炮无法继续使用，如果再次开火射击，将使火炮受到进一步的损伤。

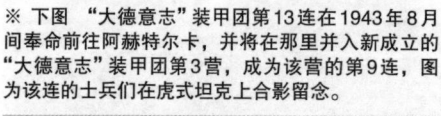

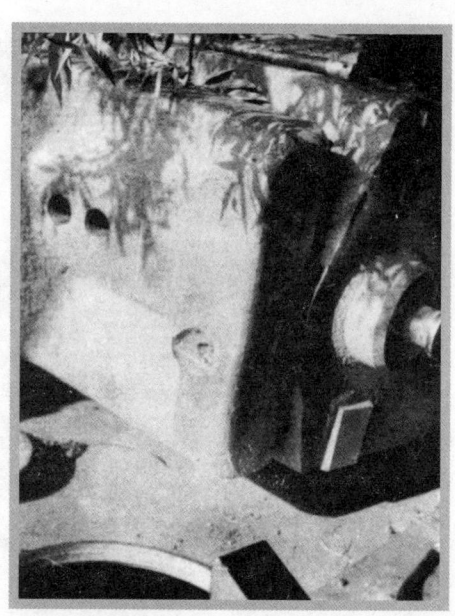

※ 上图 在库尔斯克战役中，"大德意志"装甲团第13连的虎式坦克经受住了严峻的战斗考验，图为一辆虎式坦克火炮防盾正面中弹部位的细节特写，可见苏军炮弹仅能在防盾上留下一个浅坑而已。

※ 下图 "大德意志"装甲团第13连在1943年8月间奉命前往阿赫特尔卡，并将在那里并入新成立的"大德意志"装甲团第3营，成为该营的第9连，图为该连的士兵们在虎式坦克上合影留念。

※ 下图 "大德意志"师长赫恩莱因少将在"大德意志"装甲团团长施特拉维茨上校陪同下视察第13连，向取得优异战绩的虎式坦克车组成员行礼致意，背景中可见一辆虎式坦克，车组成员均站立在舱口接受检阅。

第 2 章 德国陆军"大德意志"装甲团第 3 营行动日志

"大德意志"装甲团第3营是德国陆军序列中唯一的师属虎式重装甲营,于1943年6月在瑟内拉格(Sennelager)组建,首任指挥官是戈米勒(Gomille)少校。

1943年6月29日:"大德意志"装甲团第3营接收了首批3辆虎式坦克。

1943年7月1日:"大德意志"装甲团第13连随师主力参加"堡垒"行动,在重装甲营的组建计划中该连将成为第3营第9连,而该营的另外两个连则来自两个"非洲"重装甲营留在国内的单位:原第501重装甲营第3连成为"大德意志"装甲团第3营第10连,原第504重装甲营第3连成为"大德意志"装甲团第3营第11连,从而构成完整的营级建制。

1943年7月:"大德意志"装甲团第3营(欠第9连,拥有虎式坦克31辆)在帕德博恩(Paderborn)附近的诺伊豪斯火车站(Neuhaus Railway Station)登车开赴东线,目的地是斯梅伊(Ssumy)。

1943年7月27日:第311(遥控爆破)装甲连奉命配属"大德意志"装甲团第3营,该连接到了前往戈梅利(Gomel)的命令。

1943年8月5日至6日:"大德意志"装甲团第3营抵达阿赫特尔卡。

1943年8月14日:第3营在尼什斯洛瓦特卡(Nish Ssirowatka)卸车,在运输期间第11连的4辆虎式意外烧毁,维修分队的装备也因故丢失,除第9连外还保有虎式坦克27辆。在卸车后,第3营还要经过110公里的公路行军前往雅瑟诺沃亚(Jassenowoje),到当日晚间,该营仅有16辆坦克可以行动。此时,第3营无论是编制还是装备都不完备,侦察排的7辆半履带装甲车尚未安装机枪,营部连尚未组建,维修连也缺乏装备。第3营主力奉命在佩尔舍—特拉韦亚(Persche Trawnja)集结,配属于由"大德意志"师师部作战参谋纳茨默(Natzmer)中校指挥的一个战斗群。由雅内茨克（Janetzke）少尉指挥的第3营侦察排奉命侦察贝尔斯克（Belsk）附近的地形，该营其他单位于18时30分奉命向格伦（Grun）开进并防守这座城镇，但是在它们抵达前格伦已经被苏军占领，于是第3营继续在格伦东北5公里处的佩尔舍—特拉韦亚集结待命。

1943年8月15日：当日凌晨，"大德意志"装甲团第3营（欠第9连）进入雅瑟诺沃亚西南方的出发阵地，5时30分，德军在虎式坦克引领下向格伦发动进攻，在先头坦克触雷瘫痪后，德军指挥官随即下令向左翼迂回，试图占领俯瞰村镇的高地。为了突破两道反坦克壕，第3营第10连和第11连相互掩护，交替前进，部署在村镇东北角阵地上的苏军反坦克炮和SU-122自行火炮向德军进攻阵型侧翼猛烈开火，第10连连长冯·维勒博伊斯（von Villebois）上尉的座车被122毫米炮弹直接命中八次，遭遇重创，上尉本人也严重受伤，由阿诺尔德（Arnold）中尉接替指挥。在消灭了当面的苏军后，德军最终占领了格伦，第3营有5辆虎式坦克中弹受损，无法行动，其余的坦克也多数发生了机械故障，退出战斗，仅有6辆坦克尚能作战。在随后对布迪（Budy）的进攻中，该营的虎式坦克又摧毁了由反坦克炮和高射炮构成的防御阵地。在补充了弹药、燃料后，3辆虎式坦克奉命向比尔斯克（Belsk）前进，在接近午夜时分抵达。"大德意志"装甲团第3营在首次战斗行动中击毁了8辆苏军坦克和21门火炮。同日，前"大德意志"装甲团第13连（尚有9辆虎式坦克）加入第3营建制，成为第9连，全营保有虎式坦克数量达到36辆。

1943年8月16日：第3营当日可以作战的坦克数量为5辆，该营奉命自比尔斯克出发，经格伦抵达阿赫特尔卡以西2公里的集结地待命。

1943年8月17日：第3营当日可用兵力为10辆虎式坦克，同时营维修连开始对其他坦克进行战地维修。

1943年8月18日：第3营出动15辆虎式坦克沿阿赫特尔卡至米哈伊洛夫卡（Michailowka）的公路进攻莫申尼（Mosheni），在通过阿赫特尔卡后不久即陷入苏军雷区，8辆虎式触雷，在战斗中击毁5门反坦克炮，至傍晚时分，全营能够作战的坦克仅剩4辆。

1943年8月19日：阿诺尔德中尉指挥第3营所有能够作战的虎式坦克协同"大德意志"装甲团的其他部队向帕尔莫夫卡（Parchomowka）发动进攻，突破了苏军强大的反坦克防御地带，击毁了12辆坦克和18门反坦克炮，1辆虎式被SU-122自行火炮重创，至少两辆虎式因机械故障抛锚。当天傍晚，有5辆受损虎式经过维修重返战斗行列。

1943年8月20日：德军从帕尔莫夫卡向科德勒夫卡（Kodelewka）进攻，击毁5辆

第 2 章　德国陆军"大德意志"装甲团第 3 营行动日志

坦克，有3辆虎式发生机械故障退出战斗，全营可以作战的坦克数量为8辆。

1943年8月21日：德军继续对帕尔莫夫卡以南地区展开进攻。

1943年8月22日：第3营的1辆虎式坦克支援友军单位向帕尔莫夫卡以北地区实施反击，击毁6门反坦克炮，全营可用兵力恢复到15辆坦克。

1943年8月23日：第3营的2辆虎式与"大德意志"装甲团的其他坦克一道，在阿赫特尔卡东南12公里的米哈伊洛夫卡实施防御战斗，在该城以东、以北地区击退了苏军的数次进攻，击毁25辆坦克。

1943年8月24日："大德意志"装甲团将2辆虎式和5辆"黑豹"坦克组成一个装甲战斗群，由第3营营长戈米勒少校指挥，再度挫败了苏军的数次进攻行动。在当天夜间，"大德意志"师奉命撤往帕尔莫夫卡至布格罗夫斯基（Bugrowatij）一线。

1943年8月25日：第3营在布迪舍齐卡（Budischtscha）附近露营休整。

1943年8月26日：2辆部分损伤的虎式坦克被派往科特洛瓦（Kotelowa）实施防御行动，其中一辆因变速箱故障半路抛锚，另一辆B02号坦克在战斗中击毁了2辆T-34，最后多处中弹而损毁，这是"大德意志"装甲团第3营第一辆彻底战损的虎式坦克，全营保有坦克数量降至35辆。但是，同日6辆崭新的虎式坦克运抵波尔塔瓦，补充给该营，使其装备实力增加到41辆坦克，接近满编。不过，这批新坦克在经过45公里的公路行军到达营驻地时，只有1辆坦克还能正常运转，其他坦克均发生了机械故障，需要维修。在过去八天的战斗中，"大德意志"装甲团第3营累计击毁了42辆坦克和自行火炮以及54门反坦克炮，战果偏少的主要原因是该营维修连缺乏装备，难以及时维修坦克，保持一线作战力量。

1943年8月31日：第3营可以作战的坦克数量为3辆。

1943年9月1日：第3营奉命长途行军220公里，前往特普利（Teplyj）附近发起反击，在当天战斗结束时，全营可作战坦克仅余3辆。

1943年9月2日："大德意志"师将阵地移交给第112步兵师，撤往战线后方休整。

1943年9月3日："大德意志"装甲团全部可用坦克只有8辆。

1943年9月4日："大德意志"师接到调动命令，前往奥波奇那亚（Oposhnaja）附近的新防区。

1943年9月5日："大德意志"装甲团在塞塞克里（Sesekli）以北集结，其间遭到数次炮击。

1943年9月6日："大德意志"装甲团在奥波奇那亚以南地区建立阻击阵地。

1943年9月9日：第3营在楚普安索（Tschupanoso）占领防御阵地，在9月初的战斗中该营损失2辆虎式坦克，全营保有坦克数量降至39辆。

虎式坦克 全景战史

1943年9月10日：第3营当日可用兵力为10辆虎式坦克。

1943年9月11日：数辆虎式坦克奉命掩护马库基（Makuchi）、罗姆亚尼（Romjany）、奥卡里（Okari）一线阵地。

1943年9月12日：第3营在奥波奇那亚西北方的184.8高地建立阵地。

1943年9月13日：第3营依旧坚守在奥波奇那亚周边的阵地上，"大德意志"师则作为后卫部队掩护德军大部队撤过第聂伯河，该师随后也撤往普赛尔河（Pssel River）沿岸，建立防线。

1943年9月20日：第3营可以作战的虎式坦克数量为17辆。

1943年9月27日："大德意志"装甲团奉命防守克列缅丘格（Krementschug）附近的M2防线，并对苏军实施短促反击，随后该团撤离桥头堡阵地。

1943年9月29日：第3营可以投入战斗的兵力为10辆虎式坦克，该营第11连连长拜尔（Bayer）中尉指挥部队在米秋林（Mischurin）至博罗达耶夫斯卡（Borodajewska）一线向苏军在第聂伯河岸边建立的桥头堡发起反击，有4辆虎式被击毁，全营保有坦克数量降至35辆。

1943年9月30日：第3营当日可用兵力为9辆虎式坦克。

1943年10月1日：第3营当日可用兵力为9辆虎式坦克。

1943年10月3日：德军向博罗达耶夫斯卡实施进攻，并在随后几天内在周边地区展开防御作战，击退了苏军的多次进攻，其中第3营的2辆虎式在博罗达耶夫斯卡以北的高地上阻击苏军部队。

1943年10月9日：第3营的5辆虎式坦克组成一个小战斗群，由阿诺尔德中尉指挥进攻172.2高地以东地区，由于未能与伴随步兵保持协同，这些虎式遭遇苏军埋伏，全部被击毁，这次失败的进攻使第10连再次失去了连长，由赖因克（Retnke）中尉接任连长职务。全营保有坦克数量降至30辆。

1943年10月10日：第3营可用兵力为6辆虎式坦克。

1943年10月15日：第3营原计划向克里维里赫（Kriwoj-Rog）以东的索菲耶夫卡（Sofijewka）转移，但这个行动因为抵御苏军的进攻而推迟。

1943年10月17日：第3营第3连由兰佩尔（Rampel）上士指挥的C33号虎式坦克在不具备完全作战能力的情况下仍在塔兰佐夫（Taranzoff）附近击毁数辆T-34。

1943年10月18日：C33号坦克继续在前沿奋战，在当天成功击退了40辆苏军坦克的集团攻击，击毁了17辆坦克，随后撤往后方接受修理，尽管已经严重受损，C33号还是依靠自身动力抵达战地维修厂，兰佩尔上士因其出色表现而获颁骑士十字勋章。同日，一辆运载着10辆崭新虎式坦克的德军军列在皮亚特基（Pjatischatki）附

第2章 德国陆军"大德意志"装甲团第3营行动日志

近被苏军缴获,这批坦克是由装甲教导师调拨给"大德意志"师的。

1943年10月20日:第3营可用兵力仅为2辆坦克,而在最近的战斗中有7辆虎式损毁,全营保有坦克数量降至23辆。

1943年10月底:第3营失去坦克的车组成员奉命作为步兵支援索菲耶夫卡以北阵地上的"大德意志"掷弹兵团,在近战中蒙受了很大伤亡,而在10月最后一周里,第3营又损失了6辆虎式,全营保有的坦克数量降至17辆。

1943年11月1日:第3营可用兵力为3辆坦克。

1943年11月6日:第3营协同友军部队沿克拉森亚基(Krassnyj)至奥尔利克(Orlik)公路两侧向东北方进攻,目的是夺取新克里耶夫卡(Nowo Kijewka)西北方的高地。进攻部队穿过索菲耶夫卡和普罗科夫卡(Prokowka)之间的地区,随后转向南面继续前进。

1943年11月8日至15日:第3营将失去装备的装甲兵重新编成两个步兵连投入战斗,当日又有3辆虎式战损,全营保有坦克数量降至14辆。

1943年11月10日:第3营全部14辆虎式坦克都撤到后方维修厂进行修理。

1943年11月14日:第3营在兰曹－皮茨(Rantzau-Piz)地区作战。

1943年11月15日:第3营在柳比莫夫卡(Ljubimowka)东北方的阵地上进行防御战,击毁了大约20辆坦克。

1943年11月16日:在柳比莫夫卡以东的作战中,第3营掩护其他部队从前线撤离,拜尔中尉指挥的虎式击毁了10辆苏军坦克,而兰佩尔军士长的座车彻底损毁,全营保有坦克数量降至13辆。

1943年11月17日:第3营的残余兵力组成一个战斗群,由营长戈米勒指挥继续进行防御行动。

1943年11月20日:第3营当日可以行动的坦克数量为4辆。

1943年11月26日:戈米勒战斗群的13辆虎式坦克对门辛卡(Menshinka)以西地区发动反击,击毁了29辆T-34。

1943年11月27日:第3营退往叶卡捷琳诺夫卡(Jekaterinowka)、门辛卡、143.7高地至斯基罗卡亚(Schirokaja)的E防线。

1943年11月30日:第3营当日可以作战的坦克只有2辆,但没有发生任何战斗。

1943年12月5日:降下第一场雪,情报显示苏军正在集结强大的坦克部队,第3营奉命向东调动,应对可能发生变化的战局。

1943年12月6日:第3营被部署到第13装甲师的防区,协同进攻韦泽利(Wesely)。

1943年12月10日:几天战斗之后,全营只有1辆虎式可以作战。

1943年12月中旬：第3营在基洛夫格勒（Kirowograd）附近进行防御战。

1943年12月21日：第3营当日可用兵力为7辆虎式。

1943年12月25日：德军向维索斯基（Wyssockij）反复实施反击。

1943年12月31日：第3营可以作战的坦克数量为13辆。

1944年1月1日：德军向维索斯基以东的50高地展开攻击，第3营当日可用兵力为9辆虎式坦克。

1944年1月2日：德军装甲部队在维索斯基附近与苏军发生遭遇战。

1944年1月3日：为了救援基洛夫格勒守军，"大德意志"师奉命向东北方发起反击。

1944年1月9日：第3营组成一个由拜尔中尉指挥的装甲战斗群，乘火车从巴甫洛佐利耶（Pawlozolije）前往费奥多罗夫卡（Fedorowka）以南地区。

1944年1月9日至10日：拜尔战斗群支援了对卡尔洛夫卡（Karlowka）和纳赛耶夫卡（Nasaijewka）的攻击行动。

1944年1月11日：德军进攻了卡尔洛夫卡，随后就地转入防御。

1944年1月27日至2月8日："大德意志"装甲团的数支部队被调往切尔卡瑟（Tscherkassv）地区，支援第11装甲师的解围作战，在此期间，该团第3营第9连连长瓦尔罗特上尉阵亡，由施塔德勒（Stadler）中尉接过指挥权。

1944年2月1日：第3营当日可用兵力为6辆虎式坦克。

1944年2月至3月初："大德意志"装甲团在基洛夫格勒西南地区进行战地重整。

1944年2月29日：第3营可用兵力为10辆虎式坦克。

1944年3月1日：第3营可用兵力为10辆虎式坦克。

1944年3月6日：6辆新的虎式坦克交付第3营以补充战损，全营保有坦克数量增至19辆。

1944年3月7日："大德意志"装甲团所有可以行动的坦克受命前往掩护基洛夫格勒至罗夫诺夫耶（Rownoje）公路两侧地区。

1944年3月8日：苏军在基洛夫格勒以西发动的攻势被德军暂时阻止了，"大德意志"师随后被调防，第3营在防御战中损失1辆虎式坦克，全营保有坦克数量降至18辆。

1944年3月10日：第3营的3辆虎式在距离五一城（Perwomaisk）8公里处陷入泥沼而被迫炸毁，全营保有坦克数量降至15辆。

1944年3月15日：第3营被运往里布尼扎（Rybniza）。

1944年3月21日：第3营奉命沿公路前往基斯特穆，途中1辆虎式和1辆四联装

第2章　德国陆军"大德意志"装甲团第3营行动日志

20毫米自行高炮发生故障而被炸毁，全营保有坦克数量降至14辆。

1944年3月底："大德意志"装甲团在基施涅夫（Kischinew）附近集结。

1944年3月31日：第3营可用兵力为10辆虎式坦克。

1944年4月5日：第3营的2辆虎式部署在托钦斯基（Tochiresti）附近的防御阵地上，另外2辆奉命支援"大德意志"装甲掷弹兵团对帕尔基萨特（Parliti Sat）方向的进攻，目标是170.2高地。

1944年4月10日：第3营从亚斯（Jassy）发起反击，消灭了在塔尔格（Targul）突破德军阵地的苏军部队，至当日傍晚重新占领了塔尔格。

1944年4月11日："大德意志"师战斗工兵营经瓦莱亚奥特尔（Valea Otlor）向北发起攻击，目标是夺取帕利尼（Palieni），第3营的虎式坦克支援了这次行动。

1944年4月16日：第3营参与反击作战，并夺回了巴尔斯（Bals）。

1944年4月20日：第3营当日可用兵力为14辆虎式坦克，在随后几天内又接收了6辆虎式，使全营保有虎式坦克数量增加到20辆。

1944年4月25日：第3营的部分兵力在新任营长鲍蒙克（Baumungk）中校指挥下向瓦斯卡尼（Vascani）进攻，该营的3辆虎式加入"大德意志"装甲团的一个战斗群，准备进攻鲁吉诺阿萨（Ruginoasa）。

1944年4月26日：第3营沿着通往瓦斯卡尼的公路攻击了苏军的一处集结地。

1944年4月27日：第3营的虎式坦克在其他部队配合下对敦布拉维塔（Dumbravita）、瓦斯卡尼和372高地发动反击。

1944年4月30日：第3营当日可用兵力为8辆虎式坦克，全营在巴克考（Baccau）集结。

1944年5月1日：第3营进攻敦布拉维塔以北地区，进入372高地周边地区。

1944年5月2日：苏军部队在塔尔格和弗鲁莫斯（Frumos）向"大德意志"师防线两翼发起攻击，他们首先攻击了左翼的"大德意志"装甲掷弹兵团，在中午又向右翼的"大德意志"装甲燧发枪团实施攻击，所有进攻均被德军击退。在夜间，两个包含虎式坦克的混合装甲战斗群被部署到前沿阵地，支援上述两个团的防御作战。

1944年5月3日：德军再次利用反斜面阵地击退苏军多次进攻，击毁了大量坦克。

1944年5月4日至5日：第3营的虎式坦克部署在296高地附近的射击阵地上。

1944年5月6日：8辆虎式坦克交付第3营，但其中2辆被移交给"大德意志"师左翼的友邻部队——党卫军第3"髑髅"装甲团的重装甲连，还有2辆作为库存装备的虎式也被调给党卫军部队，第3营保有的坦克数量增加到24辆。

1944年5月7日：第3营对344高地发动进攻，虎式坦克以直射火力摧毁了高地上的苏军火炮阵地。

1944年5月18日：6辆虎式坦克运抵罗曼（Roman），其中2辆交付党卫军第3"髑髅"装甲团，4辆交付"大德意志"装甲团第3营，使后者保有的坦克数量增加到28辆。

1944年5月31日：第3营的虎式坦克部署在"大德意志"装甲掷弹兵团的防御阵地上，位于亚斯—塔尔格—弗鲁莫斯公路以北。

1944年6月1日：6辆虎式坦克补充到第3营，使保有坦克数量增加34辆，但当日能够投入作战的坦克数量是19辆。

1944年6月2日："大德意志"装甲团向奥尔索奥伊（Orsoaei）发动进攻，目标是146高地以西的山丘和178.3高地。

1944年6月3日：第3营部署在于尔松埃（Ursonaei）以北的防御阵地上，随后向181高地实施攻击，并向埃普雷尼（Epureni）附近的森林地带发起反击。

1944年6月4日：第3营的4辆虎式进攻181高地，突入帕普里卡尼－科阿巴（Paprikanii Coarba）西南1公里处，随即在扎霍纳（Zahorna）以西建立防御阵地。

1944年6月5日：第3营进攻帕普里卡尼－科阿巴西南1公里处的树林。

1944年6月10日至7月26日：第3营在巴考（Bacau）进行战地休整。

1944年6月："大德意志"装甲团得到6辆虎式坦克的补充，这些坦克是由来自第500装甲补充营的车组驾驶的，补充坦克及其车组乘火车从帕德博恩抵达东普鲁士，使第3营保有的坦克数量增加到40辆，但是其中2辆虎式在卸车后更换履带期间毁于空袭，第3营实际保有坦克数量降至38辆。

1944年7月1日：第3营可以作战的坦克数量为26辆。

1944年7月26日：第3营乘火车前往冈宾嫩（Gumbinnen）。

1944年8月5日：在抵达目的地后，第3营的虎式坦克在卸车后直接开往前沿，支援"大德意志"装甲掷弹兵团在维尔巴伦（Wirballen）和冈宾嫩一线向东北方实施的攻击。

1944年8月6日：第3营第11连的虎式坦克在洛伊辛（Leusing）中尉指挥下从维尔巴伦向东北进攻，但是遭遇苏军JS重型坦克的阻击，C11、C12、C13和C14号虎式被击毁，全营保有坦克数量降至34辆。

1944年8月9日：第3营在维尔克夫施肯（Wilkowischken）附近集结，随后与"大德意志"装甲团其他单位一道向这座城镇实施攻击，在战斗中营长座车被击中，丧失行动能力，营长本人也多处受伤，由博克（Bock）上尉代理指挥。第10连由库尔茨（Kurz）少尉和马赫滕（Machten）军士长指挥的坦克，以及第11连由德伦肯（Drenkhan）

第2章 德国陆军"大德意志"装甲团第3营行动日志

上士指挥的C24号坦克也被击毁,此外还有数辆虎式坦克配属"大德意志"装甲燧发枪手团在维尔克夫施肯附近作战。全营在当天战损坦克4辆,保有坦克数量降至30辆。

1944年8月10日:第3营部署在沃尔夫斯堡(Wolfsburg)以北的掩护阵地上,由参谋军士威尔(Will)指挥的虎式坦克在战斗中被苏军反坦克炮击中两次后开始燃烧,车组成员被迫弃车,全营保有坦克数量降至29辆。

1944年8月11日:第3营撤到斯考德维莱(Skaudvile)地区。

1944年8月16日:第3营当日可用兵力为21辆虎式坦克,配属于第40装甲军,进入陶罗根(Tauroggen)和绍伦(Schaulen)附近的出发阵地,参加"双头纸牌"行动(Operation Doppelkopf)。

1944年8月17日:德军夺取了库尔森奈(Kursenai),同日"大德意志"装甲团得到12辆新的虎式坦克,第3营保有坦克数量增至41辆。

1944年8月18日:第3营在库尔森奈西北的古拉吉奥(Guragiau)占领掩护阵地,随即向绍伦发动进攻。

1944年8月19日:第3营在吉塔里埃(Gytariai)执行掩护任务,并向图库姆斯(Tukums)展开进攻。

1944年8月20日:在第3营虎式坦克的支援下,德军夺取了图库姆斯。

1944年8月21日:第3营的虎式坦克奉命前往绍伦地区,支援第1步兵师及第104装甲旅一部的行动。

1944年8月23日:德军于中午发起进攻,在奥茨(Autz)以北5公里处突破了苏军阵地,但是第3营有一辆虎式离奇地被击毁了,当时这辆坦克向一辆JS-1坦克开火,直接命中并摧毁了目标,不料JS-1炮膛内的炮弹被意外击发,正中虎式,这次垂死一击反而将虎式置于死地,双方同归于尽。第3营保有的坦克数量降至40辆。

1944年8月24日:第3营继续在贝尼(Bene)东北10公里处展开攻击。

1944年8月25日:德军向多布伦(Doblen)发起进攻,但在距离目标约8公里时遇阻,进攻陷入停顿,各部就地转入防御。

1944年8月26日:"大德意志"装甲团在多布伦以北地区与第81步兵师建立联系。

1944年8月27日:德军击退了数次小规模进攻。

1944年9月1日:第3营当日可用兵力为19辆虎式坦克。

1944年9月15日:德军再度集结,准备发动代号为"恺撒"(Cäsar)的进攻行动。

1944年9月16日:德军开始进攻,向伊尔(Iie)以东推进了7公里。

1944年9月17日:德军部队抵达阿布德尔斯湖(Lake Abguldes)以西4公里的92高地。

1944年9月18日：德军越过阿布德尔斯湖以西2公里的塞萨夫（Sesave），随后停止进攻，各部各自建立防御阵地。

1944年10月1日：第3营当日可用兵力为11辆虎式坦克。在9月的战斗中，该营损失了7辆坦克，全营保有坦克数量降至33辆。

1944年10月4日：第3营经过奥茨、莱祖瓦（Laizuva）、韦克什尼艾（Vieksniai）抵达特里斯凯（Tryskiai），随后在劳德奈（Raudenai）附近集结，此时苏军已经在文塔河（Venta River）畔建立了数个桥头堡阵地。

1944年10月5日：第3营部署在劳德奈附近的防御阵地上。

1944年10月7日：第3营的7辆虎式未能及时撤往特尔施（Telsche）附近的新阵地，陷入敌后，但它们最后成功突围，返回己方阵线，没有战损。

1944年10月8日：在虎式坦克的支援下，德军夺回了普林克京湖（Lake Plinksin）和陶萨拉斯湖（Lake Tausalas）之间的失守阵地。

1944年10月9日：第3营向梅梅尔（Memel）方向撤退，有数辆虎式坦克因为缺乏燃油而被迫炸毁，温德霍伊泽（Windheuser）军士长指挥的C24号虎式被T-34击毁，另外5辆虎式则被德国空军的战斗轰炸机误击损毁。

1944年10月10日：第3连的数辆虎式配属施瓦茨罗克战斗群（Kampfgruppe Schwarzrock），部署在维克索斯湖（Lake Virksos）南岸，之后通过萨兰泰（Salantai）附近的桥梁，经过达尔本奈（Darbenai）和波拉根（Polangen）撤至梅梅尔。

1944年10月11日：因为缺乏燃油，第3营的虎式坦克只能作为固定火力点部署到防御阵地上，击退了苏军的数次进攻。

1944年10月14日：第3营的1辆虎式单独支援"大德意志"装甲燧发枪手团作战。

1944年10月16日：苏军部队在施韦彭（Schweppeln）以东地区突破了德军防线，第3营奉命发起反击，未能取得成功。

1944年10月22日：第3营的3辆虎式支援"大德意志"装甲掷弹兵团第1营进攻昆肯峡谷（Kunken Gorge）。

1944年10月25日：3辆虎式继续在昆肯峡谷地区执行支援任务。

1944年10月26日："大德意志"装甲团奉命从海路向东普鲁士撤退，第3营首批8辆虎式于当日抵达皮劳（Pillau），"大德意志"师的其他部队在随后几周内都陆续撤到东普鲁士，德军最高统帅部决定将该师部署在拉斯滕堡（Rastenburg）和森斯堡（Sensburg）之间，作为预备队。

1944年11月1日：第3营可用兵力为8辆虎式坦克，该营在10月间的战斗中损失了18辆坦克，全营保有坦克数量降至15辆。

第 2 章　德国陆军"大德意志"装甲团第 3 营行动日志

1944年11月："第3营将1辆虎式坦克借调给第502重装甲营。

1944年12月1日："第3营可用兵力为12辆虎式坦克，在11、12月间，"大德意志"师各部均在东普鲁士进行休整，对补充兵员进行训练，提高作战水平，还组织了数次野战演习。

1944年12月13日："大德意志"重装甲团第3营改称为"大德意志"重装甲营，成为"大德意志"装甲军的直属单位。

1944年12月16日：4辆由后方工厂修复的虎式坦克被运抵东普鲁士，其中2辆交付"大德意志"重装甲营，使全营保有的坦克数量增至17辆，另外2辆配属第511重装甲营（原陆军第502重装甲营）。

1945年1月11日："大德意志"重装甲营调往米劳（Milau）、普拉施尼茨（Praschnitz）地区，并立即发起数次反击。

1945年1月13日：第302（遥控爆破）装甲营第2连奉命配属于"大德意志"重装甲营，在普拉施尼茨集结，并在午夜时分部署到波多斯斯塔雷（Podos Stary）附近一座桥梁以东的防御阵地上。

1945年1月15日：德军从克拉斯诺斯谢尔克桥头堡（Krasnosielc Bridgehead）出发，向沃拉佩尼克卡（Wola Pienicka）发起进攻，在德沃尔斯基（Dworskie）地区与苏军爆发激战。在夜间，"大德意志"重装甲营第3连（原第3营第11连）由厄雷尔（Oerrel）少尉和赫尔瓦根（Herwagen）上士指挥的2辆虎式坦克与该营第2连（原第3营第10连）比勒（Bühler）上士指挥的1辆虎式坦克奉命掩护甘泽沃（Gansewo）侧翼，此时全营可以作战的坦克仅剩4辆。

1945年1月16日：当天上午，德军开始向甘泽沃撤退，但德沃尔斯基周围仍激战不断。

1945年1月18日："大德意志"重装甲营在齐扎洛吉（Ch.-Zalogi）执行任务。

1945年1月19日："大德意志"营的虎式坦克部署在什拉赫茨基（Szlachecki）和利帕（Lipa）以南的数个支撑点阵地内。

1945年1月21日："大德意志"营向罗根（Roggen）发起反击。

1945年1月22日：当天傍晚，在莱瑙（Leinau）附近实施反击。

1945年1月24日：苏军经门斯古特（Mensguth）攻击前进，但在通往瓦滕堡（Wartenburg）的公路沿线被德军暂时挡住。

1945年1月25日："大德意志"营在克龙瑙（Cronau）发起反击。

1945年1月26日："大德意志"营部署在舍瑙（Schönau）附近的阻击阵地上。

1945年1月27日："大德意志"营再度将失去坦克的装甲兵编成步兵连，投入近距离作战，他们乘坐缴获的卡车开赴前线。

1945年1月29日：利布施塔特（Liebstadt）失守。

1945年1月30日："大德意志"装甲团向瓦尔德堡（Waldburg）、毛伦（Maulen）和文德拉肯（Wundlacken）发动了最后一次强劲攻势，重装甲营也在博克上尉指挥下参与进攻，有68辆苏军坦克在战斗中被击毁，博克上尉获颁骑士十字勋章。

1945年2月1日：在1月的战斗中，"大德意志"重装甲营损失了6辆坦克，保有坦克数量降至11辆，当日可用兵力为4辆坦克。同时，"大德意志"重装甲营被解散，剩余的虎式坦克被组成一个战斗群依然留在"大德意志"师建制内作战，该营大部分人员都调往帕德博恩，接受虎Ⅱ坦克的训练，而驾驶员则前往卡塞尔（Kassel）受训。

1945年2月4日至5日："大德意志"师的3辆虎式坦克在福格尔桑（Vogelsang）少尉指挥下在瓦尔德堡（Waldburg）附近沿1号高速公路作战。

1945年2月20日："大德意志"师的虎式战斗群部署在青特滕（Zinten）以西的海利根贝格（Heiligen Berg）。

1945年3月1日："大德意志"师的虎式坦克与第1"赫尔曼·戈林"伞兵装甲师一道在大克林贝克（Gross Klingbeck）附近与苏军激战，当日战斗群可用坦克数量为4辆，而在2月间的战斗中损失了3辆虎式，保有坦克数量降至8辆。此时，"大德意志"师将所有装甲车辆集中编成一个混编装甲营，下辖一个重型坦克连（7辆虎式和1辆"灰熊"突击炮）、一个中型坦克连（5辆"黑豹"和1辆Ⅳ号坦克）和一个突击炮连（2辆Ⅲ号突击炮和2辆Ⅳ号坦克歼击车），此外营部下辖1辆虎式和2辆Ⅳ号，而没有坦克的装甲兵全部作为步兵参战，在近战中伤亡惨重。

1945年3月6日：数辆虎式跟随"大德意志"装甲燧发枪手团在阿马利恩瓦尔德（Amalienwalde）以北的森林地带进行了一次失败的反击。

1945年3月13日：混编营部被部署在博卡本（Pokarben）附近的阻击阵地上，德尔（Doerr）少尉的虎式坦克被击毁，全营保有虎式坦克的数量降至7辆。

1945年3月14日：混编营部署在瓦尔德堡、毛伦附近的射击阵地上，1辆虎式被击毁，全营保有虎式坦克数量降至6辆。原"大德意志"装甲团没有车辆装备的装甲兵们被编成一个步兵营，由察贝尔（Zabel）上尉指挥，下辖三个连，第1连连长为韦尔克（Welke）中尉，第2连连长为福格尔桑少尉，第3连连长为普拉斯特尔（Plasterer）少尉，这个营被部署在科贝布德（Kobbelbude）附近的防御阵地上。

1945年3月15日：混编营全部6辆虎式坦克均可投入作战。

第2章　德国陆军"大德意志"装甲团第3营行动日志

1945年3月17日：混编营的C12号虎式坦克在波尔申（Pörschken）附近被击伤，因无法回收而被迫炸毁，营部的一辆Ⅳ号坦克因为燃油耗尽，被车组成员用两枚"铁拳"击毁。全营保有虎式坦克数量降至5辆。

1945年3月19日："大德意志"师混编装甲营的最后5辆虎式在最后的战斗中不是被击毁就是被遗弃，部分车组成员虽然从鲍尔高（Balga）的包围圈中逃脱，由海路撤到萨姆兰（Samland）地区，进而前往海拉半岛（Hela Peninsula），但只能作为步兵继续作战，最后也难免被苏军俘虏。

1945年4月1日：原"大德意志"重装甲营中前往帕德博恩受训的车组成员没有得到虎Ⅱ坦克，同样作为步兵战斗到最后，他们穿过条顿堡森林（Teutoburg Woods），前往赫克斯特（Höxter）和艾恩贝克（Einbeck），后来被编入一支反坦克特遣队，退往哈尔茨山（Harz Mountains），在那里向美军投降，"大德意志"师虎式重装甲营的历史就此画上句号。

战果统计

自1943年8月至1945年3月，"大德意志"装甲团第3营击毁了约500辆苏军坦克，连同之前第13连的战果，"大德意志"师所属的虎式坦克部队在战争期间总共击毁了约600辆坦克，自损98辆虎式坦克，其中战斗损失62辆。

"大德意志"装甲团第3营历任指挥官
戈米勒少校（1943年6月至1944年4月）
鲍蒙克中校（1944年4月至1944年8月9日，受伤）
博克上尉（1944年8月9日至1945年4月，投降）

"大德意志"装甲团第3营骑士十字勋章获得者
约瑟夫·兰佩尔（Josef Rampel）军士长　骑士十字勋章（追授）　1943年12月17日
汉斯·博克（Hans Bock）上尉　　　　　骑士十字勋章　　　　　1945年1月30日

陆军"大德意志"装甲团第3营虎I/虎II坦克接收及保有数量统计表

接收日期	虎I坦克	虎II坦克	保有数量	备注
1943.2	9	—	9	配属第13连
1943.5.13	6	—	15	配属第13连
1943.7	28	—	28	来自第501营第3连及第504营第3连
1943.6.29	3	—	31	配属营部
1943.8.14	(9)	—	36	来自原第13连
1943.8	6	—	41	
1943.10.18	10	—	?	运输途中损失
1944.2.15	10	—	?	没有运达
1944.3.6	6	—	19	
1944.4.20	6	—	20	
1944.5.6	8	—	24	4辆移交党卫军"髑髅"师
1944.5.18	6	—	28	2辆移交党卫军"髑髅"师
1944.6.1	6	—	34	
1944.6	6	—	40	
1944.8.17	12	—	41	
1944.12.16	(4)	—	17	4辆修复坦克,2辆移交第511营
总计	96	0		

※ 原书统计如此,估计有误。责编注。

陆军"大德意志"装甲团第3营虎I/虎II坦克损失情况统计表

损失日期	损失数量	保有数量	备注
1943.7-8	6	9	属于第13连的损失
1943.8.14	4	27	被焚毁
1943.8.26	1	35	被击毁
1943.9.9	2	39	被击毁
1943.9.29	4	35	被击毁
1943.10.9	5	30	被击毁
1943.10	13	17	?
1943.11	3	14	?
1943.11.15	1	13	被击毁
1944.3.8	1	18	?
1944.3.10	3	15	被己方乘员摧毁
1944.3.21	1	14	被己方乘员摧毁
1944.6	2	38	毁于空袭
1944.8.6	4	34	被击毁
1944.8.9	4	30	被击毁
1944.8.10	1	29	被反坦克炮击毁
1944.8.23	1	40	被JS坦克击毁
1944.9	7	33	?
1944.10	18	15	?
1945.1	6	11	?
1945.2	3	8	?
1945.3.13	1	7	被击毁
1945.3.14	1	6	被击毁
1945.3.17	1	5	被己方乘员摧毁
1945.3	5	0	?
总计	98		战损63%,自毁33%,其他原因损失4%

※ 原书统计如此,估计有误。责编注。

第2章 德国陆军"大德意志"装甲团第3营行动日志

陆军"大德意志"装甲团第3营编制序列（1943年8月）

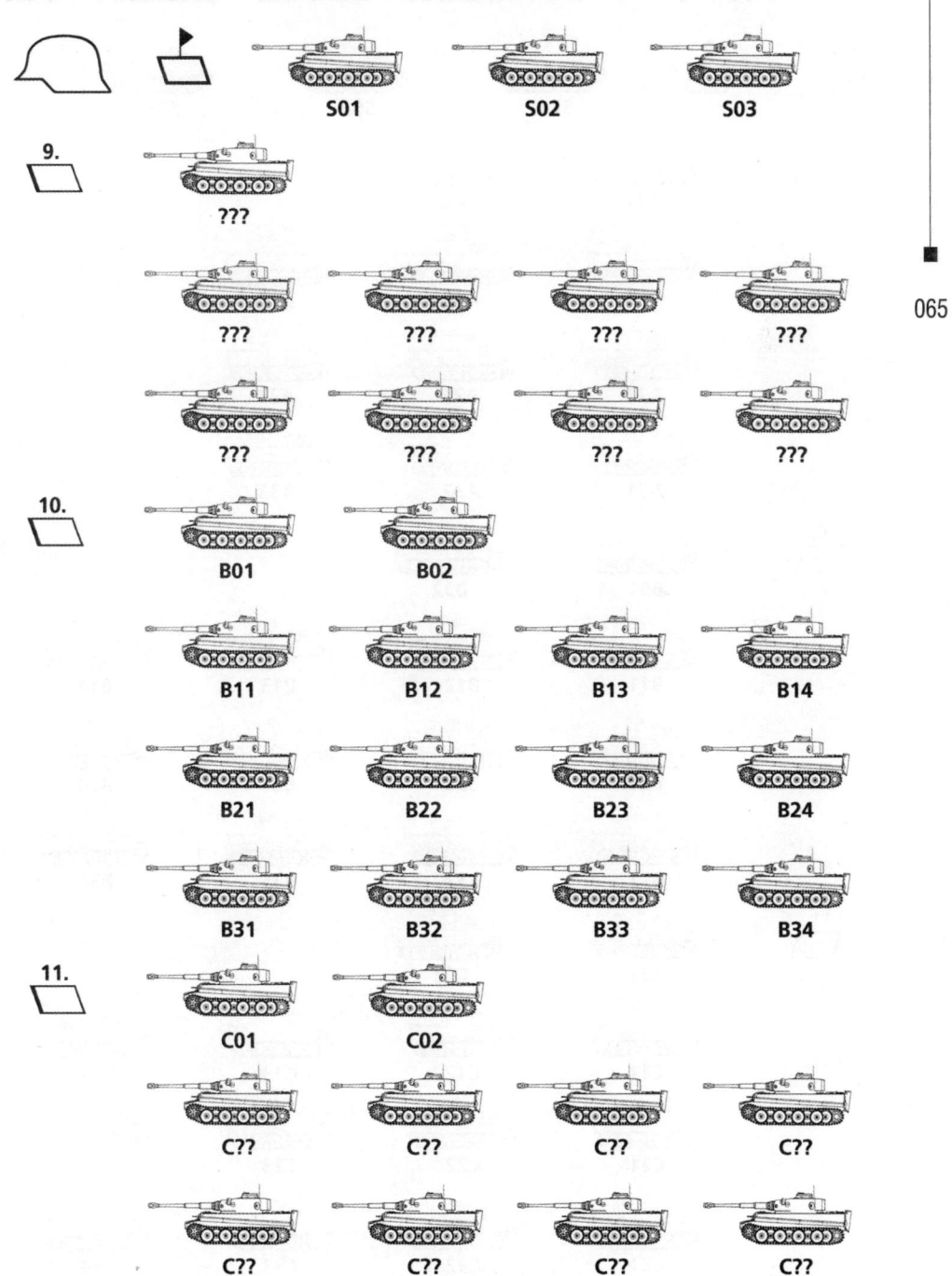

S01　S02　S03

9.
???

??? ??? ??? ???

??? ??? ??? ???

10.
B01　B02

B11　B12　B13　B14

B21　B22　B23　B24

B31　B32　B33　B34

11.
C01　C02

C??　C??　C??　C??

C??　C??　C??　C??

陆军"大德意志"装甲团第3营编制序列（1943年9月）

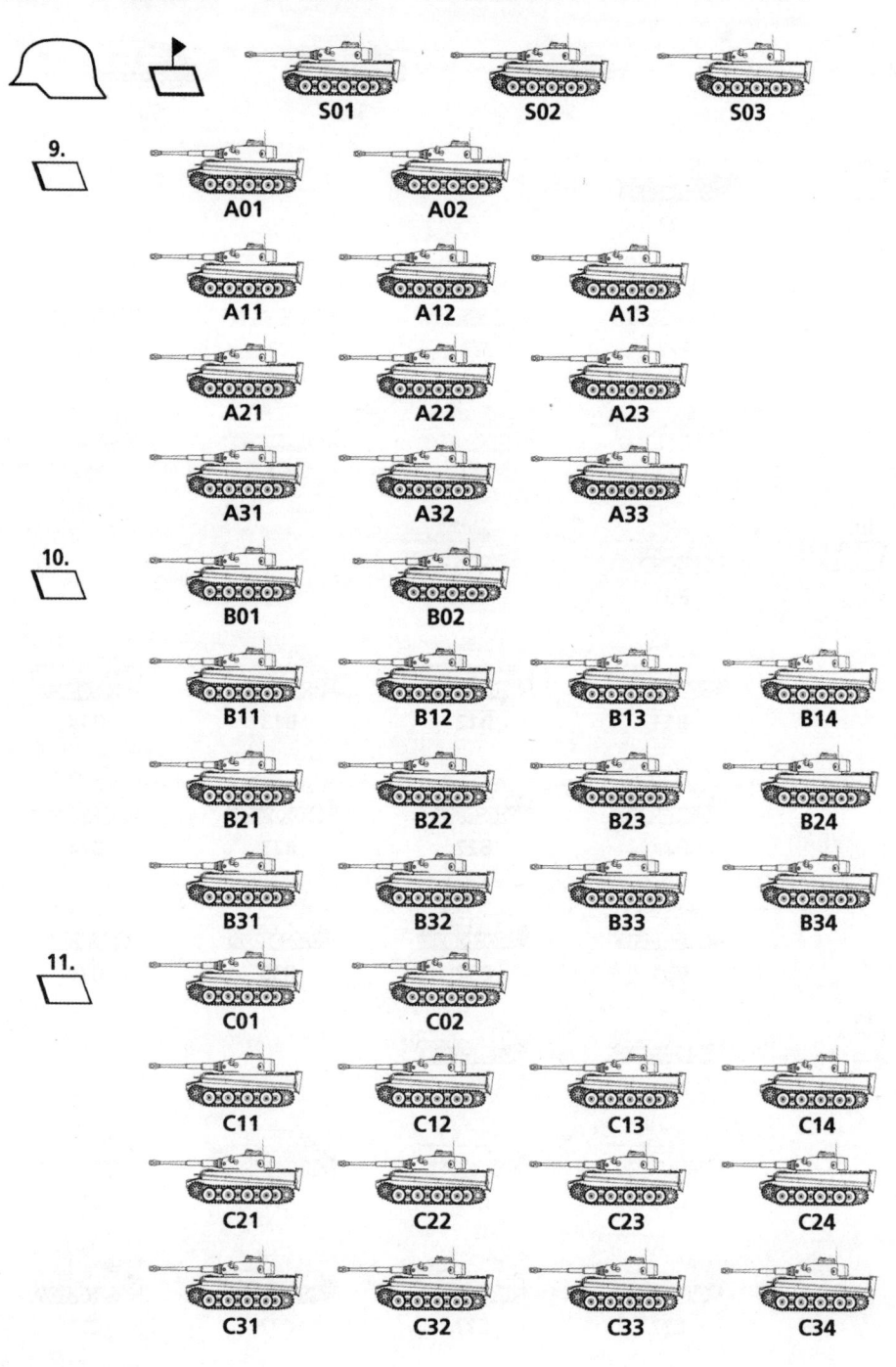

S01　S02　S03

9.
- A01　A02
- A11　A12　A13
- A21　A22　A23
- A31　A32　A33

10.
- B01　B02
- B11　B12　B13　B14
- B21　B22　B23　B24
- B31　B32　B33　B34

11.
- C01　C02
- C11　C12　C13　C14
- C21　C22　C23　C24
- C31　C32　C33　C34

第 2 章　德国陆军"大德意志"装甲团第 3 营行动日志

陆军"大德意志"装甲团第 3 营编制序列（1944 年 8 月）

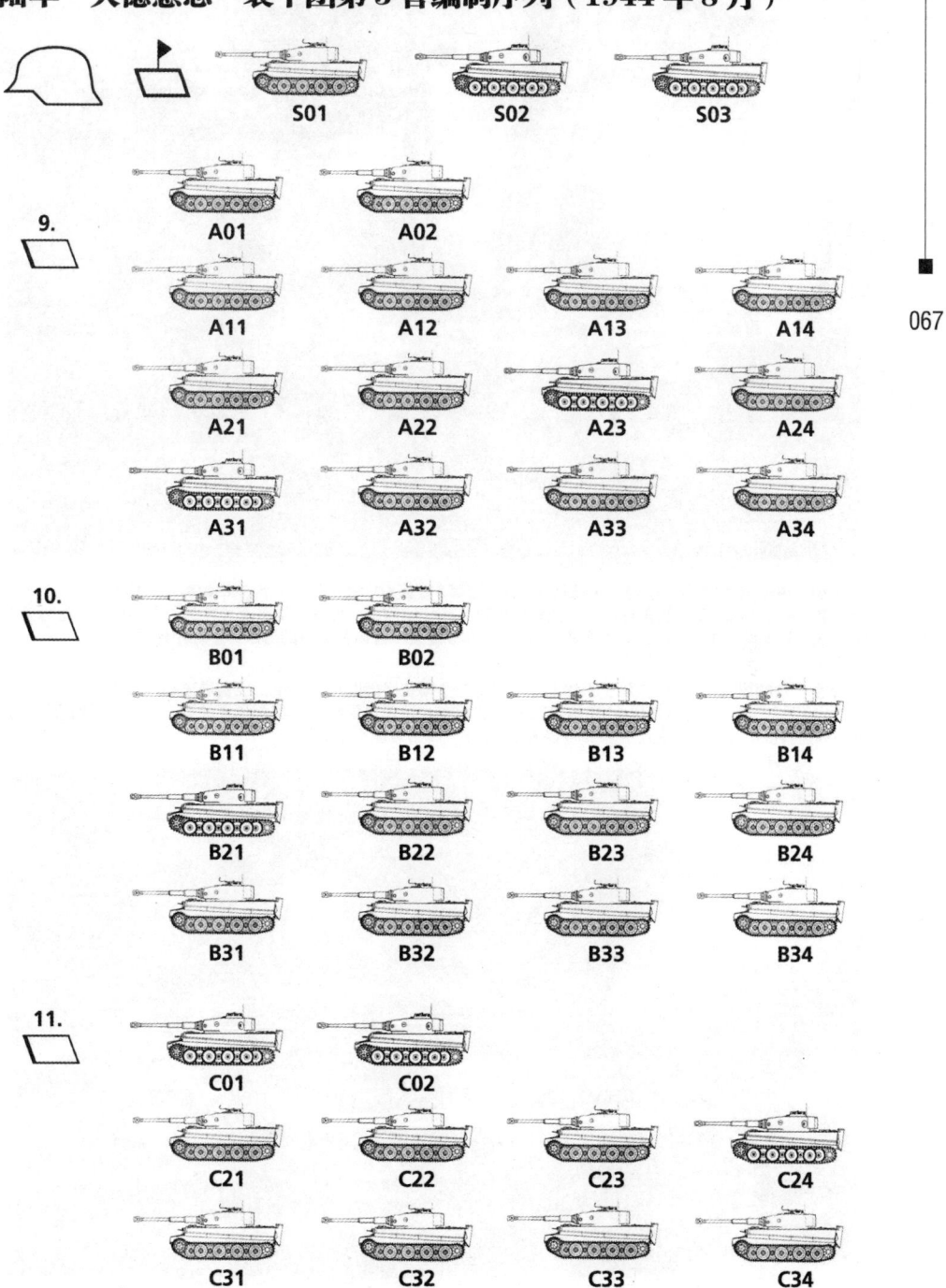

S01　　　S02　　　S03

9.
A01　　A02
A11　　A12　　A13　　A14
A21　　A22　　A23　　A24
A31　　A32　　A33　　A34

10.
B01　　B02
B11　　B12　　B13　　B14
B21　　B22　　B23　　B24
B31　　B32　　B33　　B34

11.
C01　　C02
C21　　C22　　C23　　C24
C31　　C32　　C33　　C34

虎式坦克 全景战史

※ 上图　摄于1943年8月中旬，"大德意志"装甲团第3营第10、11连的虎式坦克奉命参加对格伦的攻击行动。图为第3营的虎式坦克编队正穿过一片树林向进攻集结地域前进，可以辨认出图片左侧的那辆虎式坦克为第10连的B22号坦克。第10连和第11连是以第501、504重装甲营留在后方的部队为基础组建的。

※ 下图　这幅照片摄于1943年8月19日，"大德意志"师装甲部队正在集结，准备进攻帕尔莫夫卡。照片中央是"大德意志"装甲团第3营第11连的C22号虎式坦克，可见是更换了新型指挥塔的型号，在炮塔侧面和车体正面都挂有备用履带板。在虎式两侧可以看到"黑豹"和Ⅲ号坦克的身影。

第2章 德国陆军"大德意志"装甲团第3营行动日志

※ 上图及右中图 这两幅照片拍摄于1943年8月，上图中"大德意志"装甲团第3营第10连连长乘坐的B01号虎式坦克从"大德意志"燧发枪手团的半履带装甲车旁边驶过，显得气势非凡，但在几个小时后，B01号坦克就因为机械故障而瘫痪，威风不在（右中图）。

※ 右图 在1943年8月向阿赫特尔卡开进途中，"大德意志"装甲团第3营第11连的C11号虎式坦克做短暂休息，在炮塔顶部搭载了一些箱子，装甲前面还放有一个负重轮，图片左侧的车队属于第41反坦克营。

虎式坦克 全景战史

※ 上图　1943年8月在通往阿赫特尔卡的公路上，"大德意志"装甲团第3营第9连连部的A02号虎式坦克与一辆敞篷汽车不期而遇，从这辆汽车尾部的克里米亚盾章图案判断，是南方集团军群司令曼施坦因元帅的座车，而副驾驶席上戴军便帽的军官很可能就是元帅本人，难怪虎式坦克的车长都要从指挥塔探出身子，向元帅座车行注目礼。

※ 左图　1943年9月"大德意志"装甲团第3营得到短暂的休整，维修连抓紧时间对虎式坦克进行维修，图为一名维修人员站在一辆虎式坦克旁边，检查车体侧面的钢缆，这辆坦克的发动机舱盖板已打开，正在接受引擎检修。

第 2 章 德国陆军"大德意志"装甲团第 3 营行动日志

※ 右图 一名军官在维修厂观察修理人员进行工作，在他们身后是第 3 营第 9 连的 A12 号虎式坦克，注意炮塔储物箱在之前的战斗中遭到严重破坏，显然应该更换一个新的储物箱。

※ 右图 "大德意志"装甲团第 3 营维修连的士兵们在作业间歇合影留念，身后是一辆正在修理的虎式坦克。无论是在作战时期，还是在休整时期，维修连总是重装甲营里最忙碌的单位。

※ 右图 除了修理虎式坦克和其他战斗车辆外，"大德意志"装甲团第 3 营维修连也需要经常修理自己的装备，图中该连的一辆 5 吨机动吊车在更换损坏的车轮。

虎式坦克 全景战史

※ 上图及下图　摄于1943年9月底，"大德意志"装甲团第3营第11连的虎式坦克奉命集结，参加对第聂伯河苏军桥头堡阵地的反击行动。本页的两幅照片均摄于该连坦克向战区开进期间，上图为连长乘坐的C01号车，注意车尾的空气滤清器，下图为C32号虎式正穿过一座村庄。

第2章 德国陆军"大德意志"装甲团第3营行动日志

※ 上三图 均为第3营第11连的虎式坦克在向第聂伯河前线开进时由车组成员拍摄的现场照片，可见当时的道路状态还算不错，有利于坦克行动。

※ 下图 摄于1944年1月，"大德意志"装甲团被调往费奥多罗夫卡地区作战，该团的大部分车辆装备由火车运往战区。这幅照片拍摄于军列中途休息时，可见近处的平板货车上运载着第3营的一辆虎式坦克，后面的货车上则是两辆Ⅲ号突击炮。

虎式坦克 全景战史

※ 左图 摄于1944年2月,"大德意志"装甲团第3营奉命参加切尔卡瑟解围作战,这次战役是在恶劣的气候条件下进行的。这幅照片是第3营第11连的C13号虎式坦克在开进途中进行检修和加油,可见当时公路路面十分泥泞难行。

※ 下图 摄于1944年初,"大德意志"装甲团第3营第9连的A22号虎式坦克在抵达指定位置后,车组成员在坦克前合影,中间是车长斯图肯布鲁克上士。

第 2 章　德国陆军"大德意志"装甲团第 3 营行动日志

※ 右图　摄于1944年3月，"大德意志"装甲团第3营得到几周时间用于重整部队和维修装备，本页的图片均拍摄于这一时期，右图是维修连的门式吊车正吊起第10连B14号虎式坦克的炮塔。

075

※ 左图　这幅照片同样展示了装甲团坦克维修厂的工作场景，在门式吊车下进行修理的是一座"黑豹"坦克的炮塔，而在旁边是属于第3营营部的S02号虎式坦克。

※ 右图　"大德意志"装甲团维修连的士兵们利用一部5吨机动吊车在为第3营第9连的A31号虎式坦克更换引擎，在进行这项工作时坦克炮塔指向车体右侧正横方向。

虎式坦克 全景战史

※ 左图 摄于在1944年初夏的战斗中，"大德意志"装甲团第3营的一辆虎式被遗弃在战场上，有可能不慎滑下路堤而来不及加以回收，等待它的只有被缴获的命运。

※ 上图 摄于1944年4月，当苏军发起大规模攻势时，"大德意志"师已经在师长曼陀菲尔装甲兵上将的指挥下做好了充分的战斗准备，图为曼陀菲尔将军（中）与韦斯特海姆少校（左）及雷默少校（右）讨论战况，他们身后是第3营的一辆虎式坦克。

第 2 章　德国陆军"大德意志"装甲团第 3 营行动日志

※ 右图　摄于1944年夏季,"大德意志"装甲团第3营进入罗马尼亚北部地区作战,这里的地形相对平坦开阔,非常有利于虎式坦克发挥火炮精度的优势。

※ 右图　摄于1944年夏季的战斗中,"大德意志"装甲团第3营营长鲍蒙克中校站在营部 S02 号虎式坦克的炮塔旁边用望远镜观察情况,营长副官维尔克中尉站在他身后,注意 S02 号坦克还安装着早期的圆柱形指挥塔。

虎式坦克 全景战史

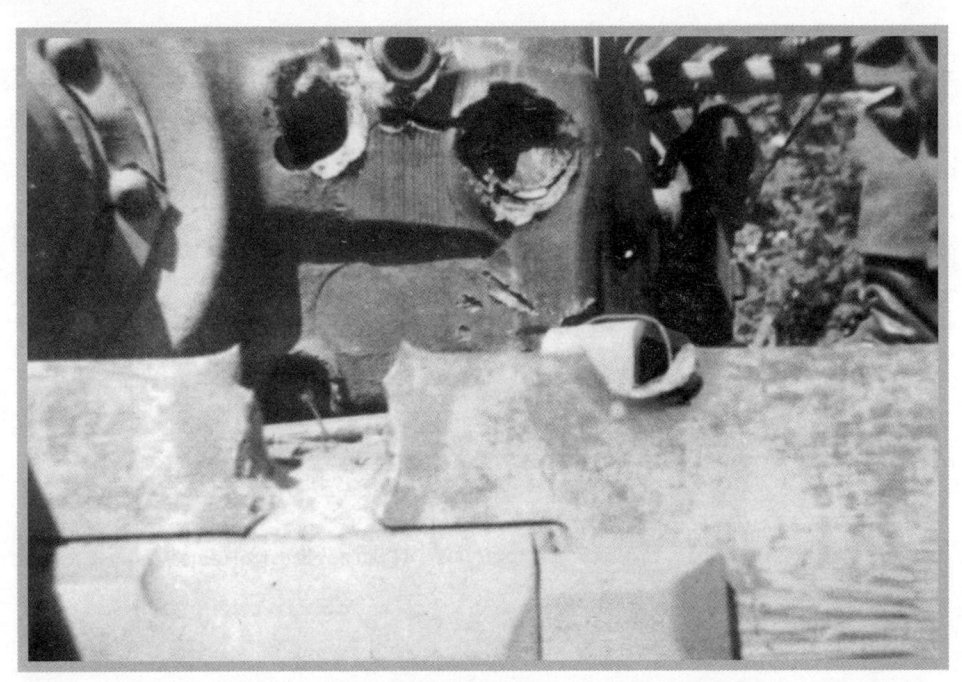

※ 上图　摄于1944年，虎式坦克在战斗中遭遇到强劲的对手，包括装备大口径火炮的JS重型坦克和SU-122自行火炮，它曾经引以为豪的正面防御开始受到挑战，图为第3营的一辆虎式坦克防盾被多枚大口径炮弹击中后的惨状。

※ 下图　摄于1944年5月，一列军车运载着"大德意志"师的补充装备和人员开往前线，从照片中可以观察到车上装载着崭新的虎式坦克，是敷设了防磁涂层并使用新型钢缘负重轮的后期型坦克，虽然尚未涂绘编号，但从车上人员右袖上的袖标判断是属于"大德意志"师的装备。

第 2 章　德国陆军"大德意志"装甲团第 3 营行动日志

※ 右图及下图　摄于1944年6月，6辆由第500装甲训练补充营人员驾驶的虎式坦克乘火车由帕德博恩前往冈宾嫩，准备补充到"大德意志"装甲团第3营。右图为其中一辆坦克的正面照片，全车敷设了防磁涂层，并施以独特的双色迷彩；下图是装载在货车上的坦克，可见没有涂绘任何标志，在远处的货车上还有一辆"黑豹"坦克。

虎式坦克 全景战史

※ 本页组图　摄于1944年7月底，"大德意志"师由铁路调往冈宾嫩地区，本页及后继数页的照片都是在该师军列抵达当地火车站并卸货期间拍摄的。本页的三幅照片是火车刚刚到达，聚集在车站等待卸车的场面，可见运输量很大，动用了多列火车，从照片上可以观察到运载的车辆包括虎式坦克、"黑豹"坦克和5吨机动吊车等。

第2章 德国陆军"大德意志"装甲团第3营行动日志

※ 本页组图 在冈宾嫩火车站等待卸车的"大德意志"师部队，右侧的照片中，两名士兵饶有兴趣地观看两只小狗，可能是他们饲养的宠物，注意右边士兵的衣袖上佩戴着"大德意志"师的袖标；下面的照片中可以看到"大德意志"装甲团第3营第9连连长乘坐的A01号虎式坦克，在照片右侧的货车上似乎运载了两门6管火箭炮。

虎式坦克 全景战史

※ 左图　在平板货车上准备卸车的虎式坦克，在运输时坦克炮塔指向车尾方向，车体侧面的裙板和外侧负重轮也被拆下，并且更换为窄幅运输履带。这一系列程序只有在相对安全的后方地带进行远程运输时才启动，在抵达目的地后需要一定时间更换履带和安装配件，注意坦克后方搭设的迷彩帐篷，供运输途中人员休息。

※ 右图　5吨机动吊车尚未被卸下火车就派上了用场，图为"大德意志"师的士兵们利用吊车将虎式坦克的宽幅作战履带由货车吊运到月台上，看来德国人在编组运输序列时将坦克和吊车相邻运载已经考虑到这项便利了。

第 2 章　德国陆军"大德意志"装甲团第 3 营行动日志

※ 上图及下图　刚刚驶下货车的"大德意志"装甲团第3营第9连的 A12 号虎式坦克（上图），从这幅照片上可以很清晰地观察到虎式坦克安装窄幅履带的状态；下图是正在车站月台上更换履带的 A23 号虎式坦克，注意这辆坦克后部右侧引擎排气管的护罩已经丢失了。

虎式坦克 全景战史

084

※ 上图及下图　在冈宾嫩火车站等待更换履带的虎式坦克，均属于"大德意志"装甲团第3营第9连，注意坦克炮塔侧面和车体正面两侧都加挂了备用履带板。

第 2 章 德国陆军 "大德意志" 装甲团第 3 营行动日志

※ 上图及下图 完成履带更换作业后,"大德意志"装甲团的虎式坦克通过一座桥梁前往维尔巴伦,从炮塔编号看是第3营第10连的坦克。

虎式坦克 全景战史

※ 本页及后页组图 均拍摄于1944年8月初，在成功完成一次攻击行动后，"大德意志"装甲团第3营营部的S01号坦克及第10连的虎式坦克沿公路向新的集结地前进，路旁几名"大德意志"师的掷弹兵在检查3门缴获的苏军76.2毫米野战炮。

第 2 章 德国陆军"大德意志"装甲团第 3 营行动日志

虎式坦克 全景战史

※ 上图　摄于1944年9月，"大德意志"装甲团第3营参加了"恺撒"行动，支援友军部队达成了行动目标，图为参加此次战斗的该营第10连B13号虎式坦克。

※ 左图　"大德意志"师师长曼陀菲尔将军（左）与师属装甲团团长朗凯特上校（右）的一张合影，摄于1944年8月10日东普鲁士的沃尔夫斯堡附近。

※ 下图　摄于1944年8月6日，"大德意志"装甲团第3营第11连第3排的4辆虎式坦克在战斗中遭到重创，数天后这些受损严重的坦克被装上火车，送往后方工厂进行大修。从照片中可以观察到左侧那辆坦克的主炮被打断，半截炮管就放在炮塔前方，右侧的坦克则失去了后部的诱导轮，负重轮也残缺不全。

第2章　德国陆军"大德意志"装甲团第3营行动日志

※ 本页组图　这三幅照片均为1944年9月参加"恺撒"行动的"大德意志"装甲团第3营的虎式坦克，均为后期型，其特征是安装了钢缘负重轮，并且采用了位于车体正面中央的单头灯。

虎式坦克 全景战史

※ 左图 摄于1944年9月10日，"大德意志"装甲团第3营遭到德国空军的误击，有5辆虎式被击毁，图为其中一辆，是该营第9连的A22号车，图中一名苏军士兵在检查被德军遗弃的A22号车残骸。

※ 左图 摄于1944年10月，"大德意志"师向梅梅尔撤退，师属装甲团第3营的虎式坦克奉命掩护步兵部队撤往这座港口，这幅照片就反映了当时虎式坦克支援步兵行动的情景。

※ 左图 摄于1944年10月，"大德意志"装甲团第3营剩余的虎式坦克从梅梅尔登船海运至皮劳，图为虎式坦克的车组成员在渡船甲板上的88毫米舰炮旁边留影。

第 2 章　德国陆军"大德意志"装甲团第 3 营行动日志

091

※ 本页组图　1944年11月至12月初,"大德意志"装甲团第3营在东普鲁士进行休整,为最后的残酷战斗进行准备。本页的四幅照片均拍摄于该营休整期间,表现了虎式坦克进行野外训练的情景。

虎式坦克 全景战史

※ 上图及下图 摄于1945年初，在东普鲁士地区进行的作战非常激烈残酷，上图为"大德意志"装甲团第3营的虎式坦克遇到一支被苏军摧毁的马车队，这些马车上都是逃难的平民；下图是一辆该营的虎式坦克在受损后由一辆"黑豹"抢修坦克拖离火线。

第3章 德国陆军"胡梅尔"重装甲连行动日志

1944年7月初，根据陆军第六军区的命令，在帕德博恩组建了一个虎式坦克连，作为后备部队，以连长胡梅尔上尉的名字命名为"胡梅尔"重装甲连，该连装备的14辆虎式坦克由第500装甲训练补充营调拨，其部分成员来自第504重装甲营第2连。

1944年9月18日："胡梅尔"重装甲连在瑟内拉格进入战备状态，于次日乘火车开赴前线。

1944年9月19日："胡梅尔"连在博霍尔特（Bocholt）卸车，沿公路行军80公里，前往阿纳姆（Arnhem）地区，配属于党卫军第10"弗伦茨贝格"装甲师，但在途中大部分坦克都因故障抛锚，仅有2辆虎式坦克能够投入战斗，它们在克纳克（Knaack）少尉和巴内茨基（Barnecki）上士指挥下参加了当天夜间的进攻，被英军的反坦克武器击伤，失去行动能力。

1944年9月24日："胡梅尔"连作为施平德勒战斗群（Kampfgruppe Spindler）的一部分在阿纳姆以东进行战斗，有数辆坦克在奥斯特贝克（Oosterbeck）地区过桥时受损。

1944年9月25日："胡梅尔"连从东面向阿纳姆发起进攻。

1944年9月底至10月间："胡梅尔"连作为机动部队在荷兰北部各地执行迟滞任务。

1944年11月初："胡梅尔"连被调往亚琛（Aachen）附近进行防御战。

1944年11月19日："胡梅尔"连在特里普斯拉特（Tripsrath）支援第15装甲掷弹兵师作战，一辆虎式坦克被反坦克炮击毁。

1944年11月20日：连长胡梅尔上尉在林德恩（Lindern）附近阵亡，由弗洛尔（Flöhr）少尉继任连长。

1944年12月18日:"胡梅尔"连并入陆军第506重装甲营,成为该营的第4连跟随营主力调往埃菲尔高原及莱茵河以西地区作战。

1945年2月16日:原"胡梅尔"连调离第506重装甲营建制,转隶于驻埃茨韦勒(Etzweiler)的第81军,在埃尔斯多夫尔-比尔格(Elsdorfer Bürge)的森林地带休整。

1945年2月24日:"胡梅尔"连的2辆虎式跟随第9装甲师第33装甲团在莱茵河以西地区作战,但在发生故障后被撤到莱茵河东岸。

1945年2月25日:"胡梅尔"连的1辆虎式在埃尔斯多夫(Elsdorf)附近击毁了一辆美军M26"潘兴"坦克,但在撤退过程中陷入建筑物废墟中,只能遗弃。该连的2辆虎式在多马根(Dormagen)附近被美军第4装骑兵团的M24"霞飞"坦克击伤。

1945年3月:"胡梅尔"连余部沿公路向东撤退,途经魏登巴赫(Weidenbach)和布罗克沙伊德(Brockscheid),然后在科布伦茨(Koblenz)附近渡过莱茵河,进入东岸地区。

1945年4月5日:"胡梅尔"连被调拨给第52军,并配属于第106装甲旅,全连尚有11辆虎式坦克。

1945年4月间:"胡梅尔"连在格雷文布吕克(Grevenbrück)、赫沙伊德(Herscheid)、韦尔多尔(Werdohl)和阿尔特纳(Altena)地区作战,逐渐损耗殆尽。

"胡梅尔"重装甲连历任指挥官

胡梅尔上尉(1944年7月1日至1944年11月20日)
弗洛尔少尉(1944年11月20日至1945年4月)

第3章 德国陆军"胡梅尔"重装甲连行动日志

※ 右图 摄于1944年9月间，几名美军士兵在荷兰东部某地检查一辆遗弃的虎式坦克，这是"胡梅尔"重装甲连部署到西线战场后损失的第一辆坦克。

※ 右图 摄于1944年10月间，"胡梅尔"重装甲连被调往亚琛地区，在陆军第506重装甲营指挥下参与防御作战。图为10月16日该连的一辆虎式坦克在距离亚琛28公里的盖伦基兴附近行动，可见坦克上覆盖了大量植被作为伪装措施，避免被盟军飞机发现并遭到攻击。

※ 右图 摄于1945年1月，两名美军士兵在一辆虎式坦克的残骸前侦察战场情况。这辆坦克属于原"胡梅尔"重装甲连，该连于1944年12月并入第506重装甲营，参加了阿登战役。这辆坦克是在1945年1月15日在巴斯托涅以东10公里处被美军击毁的，由于内部弹药殉爆，其主炮后部套管被震脱前移到炮管前端。

虎式坦克 全景战史

※ 上图　摄于1945年春季，随着温度升高，那辆遗留在巴斯托涅附近的虎式坦克残骸也从融化的冰雪中显露出真容，现在炮塔侧面的车辆编号411已经清晰可见，采用这个编号是因为"胡梅尔"重装甲连在并入第506营后成为该营的第4连，而这辆坦克应该是该连第1排排长的座车。

※ 上图　摄于1945年2月，"胡梅尔"重装甲连脱离第506营建制，再次独立作战。图为同年2月25日在埃尔斯多夫附近被遗弃在废墟中的一辆虎式坦克，在此之前这辆虎式成功击毁了一辆美军最新型的M26"潘兴"重型坦克。

第3章　德国陆军"胡梅尔"重装甲连行动日志

※ 上图及下图　1945年4月6日被遗弃在布鲁克卡佩尔附近的一辆虎式坦克，属于"胡梅尔"重装甲连，当时该连配属于第106装甲旅作战。从照片上观察，这辆坦克在炮塔两侧涂有111的编号，这说明"胡梅尔"连在脱离第506营建制后重新涂绘了车辆编号。

第 4 章
德国陆军"迈尔"重装甲连行动日志

"迈尔"重装甲连是根据1943年7月26日的一项特别命令，由第500装甲训练补充营组建的，装备8辆虎式坦克，由汉斯 - 格雷·迈尔（Hans-Gery Meyer）中尉任连长，并用其姓名作为连队名称。

1943年7月底："迈尔"重装甲连乘火车前往因斯布鲁克。

1943年7月31日："迈尔"连通过布伦纳山口，以公路行军的方式途经施泰青（Sterzing）和布里克森（Brixen）前往博岑（Bozen）。

1943年8月8日："迈尔"连的4辆虎式奉命支援第44帝国掷弹兵师第132掷弹兵团，参与解除意大利军队武装的行动。

1943年9月10日："迈尔"连可以行动的坦克数量是5辆。

1943年9月30日："迈尔"连可以行动的坦克数量是7辆。

1943年10月初："迈尔"连被调往博戈福泰（Borgoforte）地区。

1943年10月25日："迈尔"连在钦扎诺（Cinzano）休整。

1943年11月初："迈尔"连调往沃盖拉（Voghera）、托尔托纳（Tortona）和亚历山德里亚（Alessandria）地区，并且利用党卫军"警卫旗队"师的维修设施对坦克进行修理维护。

1943年11月20日："迈尔"连可用兵力为7辆虎式坦克，被部署至摩德纳（Modena）。

1943年11月26日："迈尔"连被配属于第8集团军，由铁路运往罗马。

1943年12月初："迈尔"连由摩德纳乘火车前往罗马以南的切奇尼奥拉（Ceccignola），并对当地的道路和地形进行了细致的侦察。

1943年12月2日：施韦贝巴赫（Schwebbach）上尉接任该连连长。

1944年1月22日：当日凌晨3时，盟军开始在安齐奥（Anzio）地区实施两栖登陆，"迈尔"连在得到警报后于当日中午进至帕沃纳（Pavona）附近的橄榄树林集结，准备对登陆滩头实施反击，但不知何故反击行动被取消了。如果该连在D日当天经过事先侦

第4章 德国陆军"迈尔"重装甲连行动日志

察的地区实施进攻,很可能会取得显著战果,而德军在四天后发起的反击则遭到了失败。

1944年1月23日:"迈尔"连撤往阿尔代亚(Ardea)附近的普罗库拉(Procula)。

1944年1月25日:"迈尔"连在夜间被运至切奇纳(Cecina)。

1944年1月26日:"迈尔"连加入第3装甲掷弹兵师第103装甲营的一个战斗群,在阿普里利亚(Aprilia)实施了一次规模有限的进攻行动,在战斗中连长座车的指挥塔中弹,连长施韦贝巴赫上尉阵亡,迈尔中尉再次担任连长。

1944年1月30日至31日:"迈尔"连部署在坎波莱内(Campoleone)以北的十字路口。

1944年2月1日:"迈尔"连在切奇纳附近行动,惊讶地发现大量盟军车辆覆盖着红十字旗在前沿地带活动。

1944年2月3日:"迈尔"连配属于第90装甲掷弹兵师第190装甲营,在95高地集结。

1944年2月4日:德军向95高地实施攻击,迈尔中尉的座车在300米距离上被穿甲弹击穿。

1944年2月10日:切奇纳遭到空袭,1辆虎式后部被击中受损。

1944年2月11日:"迈尔"连在切奇尼奥拉对车辆进行维修。

1944年2月12日:全连已经没有坦克可供作战使用。

1944年2月13日:"迈尔"连在罗马郊外的蒂布尔蒂那堡(Forte Tiburtina)欢迎刚刚抵达的第508重装甲营。

1944年2月15日:"迈尔"连在切奇尼奥拉进行例行训练,其间坦克不能驶离穿过泥沼地带的公路。

1944年2月16日:因为伴随步兵未能及时跟进,"迈尔"连对一片林地的进攻归于失败。

1944年2月18日至3月1日:"迈尔"连在奇斯泰尔纳(Cisterna)地区进行了一系列的防御战和救援行动。

1944年3月2日:"迈尔"连的虎式坦克参与了对伊莎贝拉(Isabella)的进攻。

1944年3月3日:"迈尔"连正式并入第508重装甲营,迈尔中尉被任命为营部副官。

"迈尔"重装甲连历任指挥官

迈尔中尉(1943年7月26日至1943年12月2日)
施韦贝巴赫上尉(1943年12月2日至1944年1月26日,阵亡)
迈尔中尉(1944年1月26日至1944年3月3日)

虎式坦克 全景战史

※ 上图及下图 "迈尔"重装甲连是1943年7月在帕德博恩组建的，并在7月底奉命调往意大利，以应对那里可能发生的局势变化。本页的两幅照片摄于该连1943年7月30日南调途中经过布伦纳山口并露营期间，上图这辆虎式坦克是由普赫格尔上士指挥的，下图是该连的两辆虎式坦克在山口附近的公路边宿营，可见车组成员在坦克旁边搭起帐篷，就地休息，背景中是阿尔卑斯山的雄伟山岭和密林。

第4章 德国陆军"迈尔"重装甲连行动日志

※ 上图及下图 "迈尔"重装甲连在布伦纳山口短暂停留后于1943年7月31日通过山口进入意大利境内（上图），一路南行至博岑，从照片中可以看到当时该连的虎式坦克还没有喷涂编号和标志，车身也没有施以迷彩。在抵达目的地后，"迈尔"连于1943年8月8日配合第44帝国装甲掷弹兵师参与了解除意大利军队武装的行动，下图就是该连坦克在行动期间的一幅留影。

虎式坦克 全景战史

102

※ 上两图 "迈尔"重装甲连连长迈尔中尉乘坐的虎式坦克在1943年10月向博戈福泰开进途中做短暂休整，利用这个机会从不同角度拍下了两张车组成员的全家福，有趣的是，从车长到驾驶员都从对应的舱口探出头面对镜头，只有炮手直接坐在了火炮上，他看起来对这个位置非常满意。

※ 下图　尽管"迈尔"重装甲连是在意大利领土上展开行动，但是在意大利北部地区有很多德裔居民，他们对德军部队的到来非常欢迎，而虎式坦克的车组成员也友好地邀请当地德裔妇女和儿童登上坦克合影留念。

第4章 德国陆军"迈尔"重装甲连行动日志

※ 右图 "迈尔"重装甲连连长迈尔中尉在座车上的留影,作为一名年轻军官他负责指挥这个虎式坦克连直到上级指定的连长施韦贝巴赫上尉到任,但在上尉阵亡后他继续指挥该连直到并入第508重装甲营。

※ 下图 "迈尔"重装甲连的虎式坦克后来也采用简单的数字序列编号和独特的标志,车组成员为自己的座车取了昵称,并将它书写在车体正面中央,正如图中该连8号坦克所展示的那样,注意车体首下位置的波罗的海十字图案。

虎式坦克 全景战史

104

※ 上图 "迈尔"重装甲连在博岑停留期间的一幅照片，一辆该连的虎式坦克和几辆轿车停靠在一起，而车组成员似乎在树荫下准备一次酒会。

※ 下图 "迈尔"重装甲连的一辆虎式坦克在曼托瓦附近的维修厂内接受修理时的照片，可见坦克尾部装有空气滤清器，几名维修人员正在检查引擎。

第4章　德国陆军"迈尔"重装甲连行动日志

※ 上图　1943年12月初"迈尔"重装甲连经罗马南调至切奇尼奥拉地区，图为该连的一辆虎式坦克在一处建筑物中找到了绝佳的隐蔽地点，注意车体首下装甲上有其独特的波罗的海十字图案。

※ 右图　"迈尔"重装甲连在切奇尼奥拉地区防御盟军可能发起的登陆行动，而在备战期间，该连的维修排利用当地意大利人的设施对坦克进行维修，包括使用起重机吊起炮塔。

※ 上图 "迈尔"重装甲连的2号虎式坦克,其昵称是"老鼠"。在1944年1月26日于阿普里利亚地区爆发的战斗中,接替迈尔担任连长的施韦贝巴赫上尉就是在这辆坦克上阵亡的,当时一枚炮弹击中了指挥塔,将连长直接杀死。

※ 下图 这幅照片拍摄于1944年2月间,"迈尔"重装甲连的5号虎式坦克在其他车辆的拖曳下从一辆Ⅳ号"灰熊"突击炮旁边驶过,当时该连正在奇斯泰尔纳地区作战,到1944年3月初,"迈尔"重装甲连正式并入第508重装甲营。

第5章
武装党卫军第1装甲团第13连行动日志

1942年武装党卫军进行大规模整编时，曾计划在新组建的党卫军装甲军建制内编成一个重装甲营，但这个计划后来被三个党卫军主力师各自编成一个重装甲连的计划所取代。1942年11月底，根据8月15日发布的重装甲连编制文件，在党卫军第1"阿道夫·希特勒警卫旗队"装甲掷弹兵师序列内建立一个虎式坦克连，最初番号党卫军第1装甲团第4连，组建地在法林格博斯特尔（Fallingbostel），首任连长是党卫军上尉海因里希·克林（Heinrich Kling），原本他应于1942年12月24日正式到任，实际上他于12月2日就已履任新职。

1942年12月20日："警卫旗队"师的数名坦克车长和驾驶员被调往卡塞尔，在亨舍尔工厂接受培训，熟悉虎式坦克的技术特点和操作要领。

1943年1月21日：党卫军第1装甲团第4连接收了10辆虎式坦克和15辆Ⅲ号坦克，组建了三个坦克排，每排辖有3辆虎式和3辆Ⅲ号，另外组建了一个轻型排，辖有5辆Ⅲ号，连部直辖1辆虎式和1辆Ⅲ号坦克，同时该连还组建了一个维修排。

1943年1月28日：第4连接到调动命令，准备开赴东线作战。

1943年1月31日：第4连从法林格博斯特尔开始登车启运。

1943年2月2日：第4连最后一批人员装备装车完毕，全连的运输一共动用了三批军列。

1943年2月3日：军列穿过柏林向北行驶，抵达施塔加德（Stargard）。

1943年2月4日：军列经过威尔纳（Wilna）和科沃诺（Kowno）。

1943年2月5日：军列经过明斯克（Minsk）和戈梅利。

1943年2月7日：第一列军列抵达哈尔科夫。

1943年2月8日：第二列军列抵达哈尔科夫。

虎式坦克 全景战史

1943年2月9日：第4连的最后一列军列因为车厢意外起火而在施塔加德滞留了一段时间，车上运输的是3辆虎式和5辆Ⅲ号，于当日抵达哈尔科夫，在当天傍晚在党卫军少尉魏特曼的指挥下前往波尔塔瓦待命，直到3月初才与连主力会合。

1943年2月11日：第4连的5辆虎式成功支援了对梅勒法（Merefa）的突击行动。

1943年2月12日：由党卫军下士奥斯德尔·维申（Ausder Wischen）指挥的一辆虎式在从梅勒法向波尔塔瓦行军途中意外起火，于2月16日被迫炸毁，全连保有坦克数量降至9辆。

1943年2月15日："警卫旗队"师接到从哈尔科夫暂时撤退的命令。

1943年2月16日：第4连抵达阿列克谢耶夫纳（Alexejewna）附近的阻击阵地，并在当天夜间多次打退苏军的进攻。

1943年2月21日：第4连奉命前往克拉斯诺格勒（Krassnograd），全连可以作战的虎式坦克数量为6辆。

1943年2月25日：第4连在波尔塔瓦火车站集合，有9辆虎式和大约10辆Ⅲ号坦克，其中可以作战的虎式坦克为7辆。

1943年3月2日：第4连可用兵力为8辆虎式坦克。

1943年3月3日：苏军试图在别列斯托维察（Berestowaja）附近突破德军防线，但没有成功。当日，第4连可用兵力为8辆虎式坦克。

1943年3月4日：苏军从斯塔罗韦罗夫卡（Staroverovka）方向发起反击。第4连可用兵力为8辆虎式坦克。

1943年3月5日：第4连奉命部署到克拉斯诺格勒以北30公里处，党卫军下士勃兰特（Brandt）的虎式坦克在转移途中起火焚毁，全连仅有4辆虎式完成了这次行军，其余坦克均因故障失去行动能力，全连保有虎式坦克数量降至为8辆。

1943年3月6日：第4连的4辆虎式坦克与党卫军第1装甲团第1营一道向瓦尔基（Walki）方向突击，在布拉戈达特诺耶（Blagodatnoje），党卫军部队突破了一处反坦克炮防御阵地，摧毁了数辆T-34和数门反坦克炮，党卫军军士长珀齐拉格（Pöttschlag）指挥的422号虎式在被数次击中后失去行动能力。在斯涅萨罗夫库特（Sneschkov Kut）外围，又有8辆T-34被击毁，党卫军少尉赫尔穆特·文多夫（Helmut Wendorff）的虎式坦克压碎了姆沙河（Msha River）的冰面，沉入水中，数日后被捞起。

1943年3月7日：第4连在佩斯金桥头堡（Peski Bridgehead）集合，于下午再次开始进攻，在突破一道反坦克炮防线后占领了瓦尔基，全连能够作战的虎式坦克数量为5辆。

1943年3月8日：德军继续突击，经保加尔（Bolgar）进至施勒亚赫（Schljach）的

第5章　武装党卫军第1装甲团第13连行动日志

铁路公路交叉路口，全连有4辆虎式坦克可以作战。

1943年3月9日：德军占领柳博京（Ljubotin），第4连可用兵力为4辆虎式坦克。

1943年3月10日：第4连能够作战的少量坦克被配属于党卫军第1装甲掷弹兵团第1营，支援该部经杰尔加布拉奇（Dergatschi）向齐尔昆尼（Zirkuny）突击，当日该连可用的虎式坦克数量是3辆。

1943年3月11日至15日：第4连所有可以行动的坦克参加了夺取哈尔科夫的战斗。

1943年3月11日：党卫军少尉菲利普森（Philipsen）指挥的虎式坦克在击毁了6辆坦克和8门反坦克炮后，被一枚近距离发射的炮弹击毁了观瞄设备，这辆坦克后来在4月间更换了新的炮塔防盾。党卫军部队突入哈尔科夫市中心，但是到当天傍晚，第4连已经没有虎式坦克能够作战。

1943年3月12日：第4连所有虎式坦克都无法行动。

1943年3月14日：哈尔科夫城区的巷战仍在继续，第4连有一辆虎式恢复作战能力。

1943年3月15日：今日战况与前日无变化。

1943年3月16日：德军突进至波尔施耶（Bolschije）和普罗霍迪（Prochody）地区，第4连能够作战的虎式坦克数量增加到2辆。

1943年3月17日：德军向别尔哥罗德方向追击溃退的苏军部队，第4连当日可用兵力仍为2辆虎式坦克。

1943年3月18日：党卫军下士莫德斯（Modes）指挥的虎式坦克在修复后，从维修连返回前线，沿公路经瓦尔基和奥尔尚涅（Olschany）到达哈尔科夫，随后被配属给派普战斗群（Kampfgruppe Peiper），参与了对别尔哥罗德的突击，击毁了5辆苏军坦克和1门反坦克炮，第4连的另外1辆虎式坦克和3辆Ⅲ号坦克组成一个小型战斗群，负责掩护战线北部侧翼。

1943年3月19日：第4连当日可以作战的虎式坦克数量为3辆，这些虎式与党卫军第1装甲团第7连一道在别尔哥罗德西北的斯特雷勒茨科耶（Strelezkoje）附近作战，试图与"大德意志"师建立联系，他们在战斗中击毁了一辆KV-2和一辆T-34。在傍晚，党卫军部队撤至别尔哥罗德北部外围。

1943年3月20日：清晨，派普战斗群会同第4连的虎式沿公路向库尔斯克（Kursk）方向推进，在贡戈基（Gonki）附近遭到猛烈阻击，被迫退回别尔哥罗德以北12公里的奥斯科齐诺耶（Oskotschnoje）。第4连当天可用的虎式坦克数量为3辆。

1943年3月21日：当日没有发生战斗，第4连的可用兵力仍为3辆虎式坦克。

1943年3月22日：第4连奉命支援对斯特雷勒茨科耶的突击，并与"大德意志"师建立了联系，当天该连可用兵力为3辆虎式坦克。

1943年3月23日：当日没有发生战斗，第4连的可用兵力仍为3辆虎式坦克。

1943年3月24日：根据上级指示，党卫军装甲军所属三个师的虎式装甲连应统编为一个重装甲营，由军部直接指挥，每连所辖虎式坦克数量加强至14辆。当日第4连可用的虎式坦克数量为4辆，但没有参与任何作战行动。

1943年3月25日：第4连在哈尔科夫北郊宿营休息，可用兵力为4辆虎式坦克。

1943年3月26日：第4连可用兵力为4辆虎式坦克，"警卫旗队"师师长拒绝将6个坦克车组调往帕德博恩组建新装甲营。

1943年3月31日：第4连可用兵力增加到5辆虎式坦克。

1943年4月5日：莫德尔陆军大将（Model）视察了"警卫旗队"师及第4连。

1943年4月10日：第4连可用兵力为6辆虎式坦克。

1943年4月中旬：古德里安陆军大将（Guderian）前来视察。

1943年4月20日：第4连可用兵力为6辆虎式坦克。

1943年4月22日：第4连接到了1945年3月5日签发的一份改编命令。

1943年4月26日："警卫旗队"师接到调令，向"堡垒"行动集结地域机动。

1943年4月30日：第4连可用兵力为8辆虎式坦克。

1943年5月5日：第4连返回哈尔科夫。

1943年5月初：大约40名德国空军士兵被转入党卫军部队，加入第4连。

1943年5月10日：第4连有3辆虎式坦克可以投入作战。

1943年5月13日：由党卫军军士长黑特尔（Härtel）指挥的5辆虎式坦克交付第4连，同时该连将所有Ⅲ号坦克移交其他单位，按照标准重装甲连编制进行改编，全连保有虎式坦克数量达到13辆。改编后番号变更为党卫军第1装甲团第13连。

1943年5月20日：第13连可用兵力为9辆虎式坦克。

1943年5月30日：第13连可用兵力为7辆虎式坦克。

1943年6月10日：第13连可用兵力为10辆虎式坦克。

1943年6月20日：第13连可用兵力为7辆虎式坦克。

1943年6月28日：第13连进入戒备状态，沿公路行军至奥尔尚涅的集结地，一辆虎式坦克的化油器损坏，另一辆虎式坦克的发动机出现故障。

1943年6月30日至7月1日：第13连具备作战能力的坦克数量为11辆，在"堡垒"行动开始前夕，另有一辆虎式从党卫军第2装甲军移交第13连，使其保有坦克数量增至14辆，达到满编状态。

第5章　武装党卫军第1装甲团第13连行动日志

1943年7月2日：第13连在夜间开进至"堡垒"行动的前沿集结地域，全连有11辆虎式坦克可以投入作战。

1943年7月4日：第13连在托马罗夫卡（Tomarovka）至贝科瓦（Bykova）公路以南的集结地域待命，此地靠近222.3高地，全连可用兵力是12辆虎式坦克。

1943年7月5日："堡垒"行动开始，第13连随同"警卫旗队"师的攻击部队一道向228.6高地推进，对220.5高地展开攻击，突破了苏军的前沿防线，一辆虎式坦克被反坦克炮从后方击中。在拿下220.5高地后，德军突击部队继续向贝科夫卡（Bykovka）前进，魏特曼少尉和文多夫少尉的虎式坦克受伤失去行动能力，但是在战斗中苏军的数道反坦克阵地被突破，大量坦克和反坦克炮被击毁，到当天下午晚些时候，德军占领了贝科夫卡。

1943年7月6日：第13连的3辆虎式坦克在雅科维沃（Jakovievo）以东243.2高地附近突破了受到雷区保护的苏军防御阵地，随后又向波克罗夫卡（Pokrovka）进攻，代理连长党卫军中尉许茨（Schütz）受重伤。在两天的战斗中，党卫军第1装甲团第13连击毁了15辆T-34、1辆KV-1、1辆KV-2和43门反坦克炮。当天傍晚，"警卫旗队"师的老长官党卫军上将迪特里希视察了第13连，他决定将党卫军下士勃兰特指挥的那辆严重受损的虎式坦克拆解作为零备件使用，全连保有坦克数量降至13辆。当天夜间，该连的1辆虎式击毁了3辆试图穿过捷捷列夫诺（Teterewino）的T-34。

1943年7月7日：清晨，德军向捷捷列夫诺发起进攻，第13连奉命支援友邻的"帝国"师向该村东面及北面攻击前进，1辆虎式在捷捷列夫诺击毁了3辆T-34。苏军在亚斯纳亚—波利亚纳（Jasnaya Polyana）外围发起反击，对捷捷列夫诺西北方向的德军左翼也发动了进攻，均被击退。

1943年7月8日：第13连与"警卫旗队"师其他装甲部队一道从捷捷列夫诺地区发动突击，经格雷斯诺耶（Gresnoye）向239.6高地以东的韦塞尔尼（Vessely）进攻，2辆虎式的履带受损。在进攻科琴托夫卡（Kotschetovka）以东的224.5高地时，第13连击毁了数辆隐蔽在工事内的苏军坦克，2辆虎式坦克受伤失去行动能力。一支苏军坦克部队从普赛尔河（Pssel River）弯曲部向捷捷列夫诺实施反击，对德军防线造成严重威胁，第13连的党卫军下士弗兰茨·施陶德格（Franz Staudegger）指挥有伤在身的1322号虎式增援捷捷列夫诺，击毁了17辆坦克，当苏军重新集结，再度来袭时，他的坦克又取得了5个战果，迫使苏军惊慌失措，开始溃退，从而消除了这次潜在的严重危机，施陶德格的坦克由于弹药耗尽无法扩大战果。第13连当天的总战果是42辆T-34坦克和3辆M3型"李"坦克。

1943年7月9日：德军推进至若夫斯基（Rvlsky），随后进攻苏霍（Ssuch）和索罗提诺（Solotino）。

1943年7月10日：党卫军第2装甲掷弹兵团、师属突击炮营及第13连一起向伊万诺夫斯基（Iwanovski）和维斯洛克（Wysselok）之间的铁路弯曲部实施攻击，同时扫荡科姆索米勒茨集体农场（Komssomilez collective farm）西南的森林地带，击退了苏军的数次反击，第13连当日可用兵力为5辆虎式坦克。同日，在数天前表现出色的施陶德格下士被授予骑士十字勋章。"警卫旗队"师接到命令，于次日清晨向普罗霍罗夫卡方向推进，第13连在午夜时分即向捷捷列夫诺西南的集结地域开进。

1943年7月11日：一场暴雨使道路状况恶化，迫使德军原定于清晨6时的进攻推迟至上午10时45分，在越过一道反坦克壕之后，第13连的4辆虎式对捷捷列夫诺至韦塞利（Wesselyj）的铁路线发起攻击，在对普罗霍罗夫卡的进攻中，该连消灭了28门反坦克炮和6门野战炮；此外在过去两天的战斗中，还有24辆T-34毁于虎式坦克的炮口下，当日第13连有4辆虎式可以投入战斗。党卫军第1装甲团在当天晚些时候后撤到奥谢若夫斯基（Oserovskiy）地区，充当快速反应部队。由于连长许茨因伤缺阵，由魏特曼少尉代理指挥全连。

1943年7月12日：第13连参与了在普罗霍罗夫卡地区爆发的大规模坦克战，成功击退了苏军的集团坦克攻击。党卫军第1装甲团第2营及第13连当天宣称击毁了163辆苏军坦克，第13连有1辆虎式被击毁，另有9辆受伤需要维修，全连保有坦克数量降至12辆。

1943年7月13日：上午10时30分，德军停止进攻，原因是无法迅速突破奥克佳布里斯基集体农场（Oktyabrsky collective farm）以南的苏军阵地，第13连沿捷捷列夫诺至普罗霍罗夫卡的铁路线设防，掩护德军战线的侧翼，当日击毁1辆苏军坦克，仍有9辆虎式在接受战地维修。

1943年7月14日：第13连的可用兵力被编入师属装甲战斗群，部署在共青团员村（Komsomolez）东北的247.6高地，并且受到党卫军第2装甲军的直接指挥，原计划对亚姆基（Yamki）的突击行动被取消了。当天，第13连上报战果称，自"堡垒"行动开始以来已经击毁了150辆苏军坦克。

1943年7月15日：因为暴雨侵袭，道路泥泞，德军向南进攻马尔亚布洛诺沃（Mai Yablonovo）的计划无法实施，第13连当日可以作战的坦克数量是8辆，该连转而被部署在铁路沿线的防御阵地上，同时接到命令于7月17日至18日夜间撤离普赛尔河桥头堡阵地。

1943年7月16日：第13连当日可用兵力为7辆虎式坦克，同日得到5辆新虎式的补充，全连保有坦克数量增至17辆。

第 5 章　武装党卫军第 1 装甲团第 13 连行动日志

1943年7月17日：第13连继续坚守在普罗霍罗夫卡铁路线附近的防御阵地，并在夜间向别尔哥罗德以西地区转移。

1943年7月18日：第13连向新防区转移，党卫军第1装甲团开往斯莫斯科耶（Ssomskoye）。

1943年7月19日：第13连的虎式坦克在没有更换履带的情况下装车运往斯大林诺（Stalino）以北的阿尔捷莫夫斯克（Artemovsk）。

1943年7月20日：第13连可以作战的坦克数量是14辆。

1943年7月21日：第13连在斯拉维安斯克（Slaviansk）卸车，全连有12辆虎式可以作战。

1943年7月22日：第13连可用兵力为12辆虎式坦克。

1943年7月24日：第13连原计划对博戈罗季茨科耶（Bogorodischnoye）两翼突入德军防线的苏军展开反击，但这项计划在午夜时分被取消了。

1943年7月26日："警卫旗队"师接到调往意大利的命令，并将重装备移交其他两个党卫军师，第13连的17辆虎式也被"帝国"师和"骷髅"师分配，前者获得9辆，后者得到8辆。失去坦克的第13连在斯拉维安斯克休整数日。

1943年7月29日：第13连官兵乘汽车前往戈尔洛夫卡（Gorlowka）。

1943年7月31日：全连在戈尔洛夫卡换乘火车。

1943年8月1日：第13连乘坐火车开始了前往意大利的漫长旅途。

1943年8月2日：列车经过法斯托夫（Fastov）和别尔季谢夫（Berditschev）。

1943年8月3日：列车途经兰贝格（Lemberg）。

1943年8月4日：列车经过克拉科夫（Krakow）和卡托维兹（Kattowitz）。

1943年8月5日：列车经过希施贝格（Hirschberg）、格尔利茨（Görlitz）和德累斯顿（Dresden）。

1943年8月6日：列车经过茨维考（Zwickau）和霍夫（Hof）。

1943年8月7日：列车经过雷根斯堡（Regensburg）和罗森海姆（Rosenheim），傍晚时分抵达因斯布鲁克，在卸车后由于尚未安排住宿地点，所有人只能和装备一起露营。

1943年8月8日至12日：第13连被临时安排在因斯布鲁克的一座学校内住宿休息。

1943年8月12日：第13连再次踏上前往意大利的旅途，乘汽车沿公路开进，途经施泰青、博岑、特里安（Trient）、维罗纳（Verona）、曼托瓦（Mantova）、帕尔马（Parma）等地。

虎式坦克 全景战史

1943年8月13日：第13连抵达雷焦（Reggio）西北的新集结地。

1943年8月15日至25日：第13连接收了包括2辆指挥坦克在内的27辆虎式，以该连为基础准备组建党卫军第101重装甲营，这批装备预计暂时装备两个连。

1943年8月23日至28日：从瑟内拉格训练场调来的补充人员陆续抵达，准备启动重装甲营的组建工作。

1943年8月30日：第13连开始战备值班，要求接到命令后三小时内可以出动，该连当日能够作战的坦克数量是23辆。

1943年8月31日：第13连当日可用兵力为23辆虎式坦克。

1943年9月1日：第13连当日可用兵力为20辆虎式坦克。

1943年9月8日：当晚20时，第13连接到命令，进入一级战备状态。

1943年9月9日：第13连协助其他德军部队解除了雷焦地区意大利部队的武装，同时该连将缴获的意大利车辆纳为己用。

1943年9月10日：第13连当日可用兵力为20辆虎式坦克。

1943年9月16日：第13连对参与"堡垒"行动的有功官兵给予嘉奖。

1943年9月19日至20日：第13连官兵进行轻武器射击训练。

1943年9月21日：第13连举行连队聚会。

1943年9月23日：第13连移防雷焦东北的科雷焦（Corregio），全连有26辆虎式可以作战，同时连队开设了军士培训班。

1943年9月30日：第13连可用兵力为20辆虎式坦克。

1943年10月1日：第13连可用兵力为21辆虎式坦克。

1943年10月12日：第13连转移至沃盖拉东南的蓬泰库罗内（Pontecurone），全连可用兵力为25辆虎式坦克。

1943年10月14日：第13连为参加"堡垒"行动的有功人员举行了额外的嘉奖仪式。

1943年10月20日：第13连可用兵力为25辆虎式坦克。

1943年10月27日：第13连在沃盖拉登上火车，随"警卫旗队"师主力重返东线。党卫军少尉施蒂奇（Stich）不慎碰到高架电线而身亡。军列途经帕尔马、维罗纳和帕多瓦（Padua）。同时，该连派出一支装备接收分队，前往马格德堡（Magdeburg）附近的布格（Burg）接收10辆新虎式。

1943年10月28日：列车途经特雷维索（Treviso）、乌迪内（Udine）、杰莫纳（Gemona）和卡尔尼亚（Carnia）。

1943年10月29日：列车途经阿诺尔德施泰因（Arnoldstein）、菲拉赫（Villach）和

第 5 章　武装党卫军第 1 装甲团第 13 连行动日志

克拉根福（Klagenfurt）。

1943年10月30日：列车途经圣法伊特（St.Veit）、诺伊马克（Neumark）、莱奥本（Leoben）、塞默灵（Semmering）和维也纳。

1943年11月1日：由于党卫军第101重装甲营的组建工作远未完成，因此其接收的27辆虎式依然作为"警卫旗队"师直辖的加强重装甲连的装备，沿用第13连的番号，由克林上尉任连长。同日，军列经过兰贝格。

1943年11月2日：军列经过塔尔诺波尔（Tarnopol），而在马格德堡接收的10辆新坦克也由火车运抵兰贝格，但随即被直接运回帕德博恩。

1943年11月3日：军列经过康斯坦丁（Kasatin）。

1943年11月4日：军列经过法斯托夫。

1943年11月5日：第13连在克里维里赫卸车。

1943年11月6日：第13连沿公路行军至基洛夫格勒以东地区。

1943年11月10日：鉴于南方集团军群北翼的危机与日俱增，第13连的虎式坦克在没有更换坦克履带的情况下被紧急装车运往前线，而连队的轮式车辆被暂时留在后方。

1943年11月11日：列车经过兹纳缅卡（Znamenka）。

1943年11月12日：第13连的虎式坦克在别尔季谢夫（Berditschew）卸车。

1943年11月14日：第13连当日可以作战的虎式坦克数量是18辆，全连部署在兹多夫采（Zydovce）以北的阵地上，靠近通往法斯托夫的铁路线。

1943年11月15日：第13连再次置于党卫军第1装甲团指挥下，由党卫军中尉米夏尔斯基（Michalsky）指挥的第1排奉命支援党卫军第1装甲掷弹兵团的反击，但被苏军反坦克炮阵地所阻，1辆虎式中弹失去行动能力。排长命令由党卫军下士克莱伯（Kleber）指挥的虎式前往救援，但两辆坦克最终都陷入敌军的猛烈火力笼罩下，双双弃车，随后被友军炮火击毁。米夏尔斯基中尉因为这项错误的命令而在几天后受到处分，被解除排长职务，调离第13连，派往党卫军第1装甲团第8连任职。第13连保有坦克数量降至25辆。当天，该连还为部署在科尔林（Kornin）、利索夫卡（Lisovka）和索洛维耶夫卡（Solovyevka）一线的党卫军第1装甲掷弹兵团提供侧翼掩护，在夜间经历了数次小规模战斗。

1943年11月16日：2辆从后方维修厂返回前线的虎式坦克在党卫军少尉卡利诺夫斯基（Kalinovski）指挥下前去救援在沃东特尼（Wodoty）附近被围的党卫军第1装甲掷弹兵团第2营。党卫军中士勃兰特指挥3辆虎式在布鲁西洛夫（Brusilov）附近击溃了苏军一个步兵营。第13连连长组织5辆虎式发起了两次突击，击毁了8门反坦克炮，并在利索夫卡摧毁了另一个苏军步兵营。

1943年11月17日：在一次反击行动中，第13连的10辆虎式与党卫军第2装甲掷弹兵团一道向卢奇京（Lutschin）推进，击毁5辆T-34，党卫队下士巴特尔（Bartl）因座车指挥塔中弹而阵亡。

1943年11月18日：当日凌晨，苏军从费奥多罗夫卡（Fedorovka）向卢奇京发起的突击被击退，中午时分苏军又从戈利亚基（Goljaki）方向来袭，迫使德军退回卢奇京以西的阵地，当天第13连击毁了8辆T-34和25门反坦克炮。

1943年11月19日：第13连将阵地移交第25装甲师的部队后前往索洛维耶夫卡集结。

1943年11月20日：苏军坦克从东北方向莫洛若索夫卡（Morosovka）进攻，遭到第13连的顽强阻击，虎式坦克击毁了21辆T-34和数门反坦克炮，一辆虎式被反坦克炮击中，全连当日可以作战的坦克数量为12辆。

1943年11月21日：第13连协同其他部队向布鲁西洛夫突击，击毁13辆T-34和7门反坦克炮。

1943年11月22日：第13连的数辆虎式坦克与党卫军第2装甲掷弹兵团第1营一道从乌尔沙（Ulscha）向亚斯特雷本卡（Jastrebenka）进攻，摧毁了一处苏军反坦克阵地上的20门反坦克炮，党卫军下士霍尔德（Höld）在座车指挥塔中弹时被打死。

1943年11月23日：第13连的4辆虎式与党卫军第1装甲掷弹兵团第2营及党卫军第2装甲掷弹兵团第3营组成攻击纵队，经杜布罗夫卡（Dubrovka）进攻拉萨罗夫卡（Lasarovka），击毁数辆T-34，傍晚时分在梅斯特齐科（Mestetschko）补充燃油。

1943年11月24日至25日：全连对装备进行战地维修。

1943年11月26日：第13连转移至拉多梅什利（Radomyschl）。

1943年11月28日：第13连会同党卫军第2装甲掷弹兵团第3营沿着非常泥泞的道路推进，渡过贝尔卡河（Belka River）抵达萨贝洛齐亚（Sabelotschje）以北通往拉多梅什利的交叉路口，击毁数门反坦克炮，进而占领了加博罗夫（Garborov）。傍晚，第13连被部署在加博罗夫东南的防御阵地上。

1943年11月29日至12月1日：第13连作为预备队在加博罗夫待命。

1943年12月1日：第13连可作战的虎式坦克仅有2辆，14辆正在后方修理，另有9辆正在返回连队的途中。

1943年12月2日至5日：第13连行军至锡利扬施齐诺（Siljanschtschino）地区，可以作战的坦克数量为5辆，在这段时间里，从维修厂返回的坦克经常在未通知连长的情况下被派往前线单车执行应急任务。

第5章　武装党卫军第1装甲团第13连行动日志

1943年12月4日：第13连在施蒂里（Styrty）附近消灭了一群苏军坦克，当日该连可用兵力为4辆虎式坦克。自从在哈尔科夫地区参战以来，第13连已经击毁了205辆苏军坦克和130门反坦克炮。

1943年12月5日：第13连与师属装甲战斗群一道从切梅亚科夫（Tschemjachov）西北部展开反击，在夜间袭击了佩卡尔施蒂纳（Pekarschtina），并夺取了一座承重50吨的桥梁。

1943年12月6日：德军装甲部队从安德烈耶夫（Andrejew）向施蒂里推进，魏特曼指挥的坦克排摧毁了一处苏军反坦克炮阵地，在向托尔钦（Tortschin）追击残敌时，又有3辆T-34被第13连的虎式坦克击毁。卡利诺夫斯基少尉指挥的1辆虎式侧面中弹受损，还有2辆虎式触雷瘫痪，但这些坦克均在夜间被成功回收。

1943年12月7日：德军从托尔钦向柴可夫卡（Tschaikovka）推进，遭遇苏军猛烈的反坦克炮火力，在肃清了柴可夫卡外围之后，第13连推进到利亚霍瓦亚（Ljachovaya）附近213高地前面。

1943年12月8日：派普战斗群占领了霍多尼（Chodory），并继续向萨博洛特（Sabolot）推进。第13连的一辆虎式坦克中弹瘫痪，并陷入苏军步兵的包围，车长党卫军下士朗纳（Langner）在苏军士兵爬上坦克时开枪自杀。第13连保有的坦克数量降至24辆。

1943年12月9日：德军从梅代伊夫卡（Medeievka）东北地区向梅斯基里施特卡（Meschiritschka）推进，当晚22时，4辆虎式从捷捷列夫河（Teterev River）西岸向魏拉奇哈（Wei Ratscha）进攻，但受阻于猛烈的反坦克炮火，未能取得进展。

1943年12月10日：德军装甲部队在克拉斯诺博尔基（Krasnoborki）外围遭遇苏军反坦克炮阵地。当日第13连可用兵力为4辆虎式坦克。

1943年12月11日：当日清晨，第13连在梅斯基里施特卡西北地区集结，中午时分经拉索博尔基（Rrasoborki）的170高地向韦利卡亚拉奇哈卡（Welikaya Ratschka）进攻，击毁数门反坦克炮和几辆苏军坦克，但第13连在当日战斗结束时仅剩一辆虎式尚可作战。

1943年12月12日至13日：全连对装备车辆进行战地维修。

1943年12月14日：德军继续沿着韦平（Werpin）至费奥多罗夫卡的公路向北推进，击毁3辆T-34，但因为无法渡过维尔瓦（Vyrva）外围的河流而被迫撤回。

1943年12月15日：第13连在萨博洛特地区休息。

1943年12月17日至18日：在夜间行军至梅莱尼（Meleni）以西3公里处。

1943年12月19日：第13连7辆可以作战的虎式坦克于上午9时向梅莱尼发起进

攻，它们穿越基辅（Kiev）至科罗斯坚（Korosten）的铁路线，向巴利亚尔卡（Baljarka）方向推进，击毁了1辆T-34和数门反坦克炮，但1辆虎式被击毁，该连保有坦克数量降至23辆。

1943年12月20日：德军占领切希波维奇（Tschepowitschi）的火车站，第13连当日可以作战的坦克数量是3辆，另有20辆正在修理，连长克林上尉被提名授予骑士十字勋章，但没有获得批准。

1943年12月21日：德军击退了苏军对火车站的反击，击毁数辆坦克，第13连当日可以投入战斗的兵力是2辆虎式坦克。

1943年12月22日：清晨，第13连奉命将阵地移交第1装甲师的部队，2辆虎式坦克部署在梅莱尼附近，在防御战斗中击毁2辆T-34。

1943年12月23日：第13连的3辆虎式坦克部署在第291步兵师的阵地上，阻止了苏军坦克部队对该师阵地的冲击，击毁4辆T-34。

1943年12月24日：一支由克林上尉指挥的装甲战斗群（含虎式在内的25辆坦克）支援第1装甲师第113装甲掷弹兵团第1营的进攻，德军向北推进，穿过塞夫奇科（Sevtschenko），进入沙特里维谢（Schatrischtsche）以南地区，之后这个战斗群尚能作战的坦克被调往索博列夫卡（Sobollevka）。同日，"警卫旗队"师奉命撤离前线，向南转移，第13连在切希波维奇附近炸毁了7辆无法行动的虎式坦克，全连保有的坦克数量降至16辆。

1943年12月25日：第13连在斯库米尔（Shkomir）东南的伊万科沃（Ivankovo）集结，全连有5辆虎式可以作战。

1943年12月27日：文多夫少尉击毁了2辆T-34，他指挥的排（4辆虎式）奉命沿铁路线推进，在楚贝罗夫卡（Tschubarovka）与苏军坦克部队遭遇，在激战后文多夫的座车又单独击毁了11辆T-34。随后，这个坦克排又在尤塞夫沃夫卡（Jusevovka）发起反击，击毁3辆T-34。当天夜间，第13连在伊万科沃掩护部队通过吉瓦河（Guiva River）的桥梁，全连有5辆虎式可以作战。

1943年12月28日：文多夫指挥4辆虎式再度出击，对安托波尔（Antopol）和博亚尔卡（Bojarka）之间的苏军坦克部队实施反击，击毁11辆T-34，但党卫军下士萨齐奥（Sadzio）的虎式被击毁，第13连保有坦克数量降至15辆。

1943年12月29日：苏军坦克在安托波尔和博亚尔卡发动的进攻被击退，8辆T-34被击毁。傍晚时分，第13连撤往索尔特温（Solotwin），被迫炸毁2辆无法回收的受损虎式，全连保有坦克数量降至13辆。

1943年12月30日：第13连的2辆虎式被部署在警戒阵地上，连长克林上尉在当

第5章　武装党卫军第1装甲团第13连行动日志

天被授予金质德意志十字奖章，并被调离第13连，由魏特曼少尉接任连长。

1943年12月31日：第13连可用兵力为2辆虎式坦克。

1944年1月1日：文多夫少尉在特拉亚诺夫（Trajanov）击毁了5辆T-34，但在当日战斗结束时第13连已经没有可以作战的坦克了，所有坦克都在皮亚基（Pjatki）接受修理。

1944年1月2日：第13连继续向旧康斯坦丁诺夫卡（Staro Konstantinovka）撤退，又有4辆无法撤走的虎式被炸毁，全连保有坦克数量降至9辆。

1944年1月7日：第13连2辆可以作战的虎式坦克被部署在斯梅莱（Ssmela）。

1944年1月8日：苏军坦克对舍列帕基（Sherepki）发起突击，被第13连的4辆虎式击退，数辆苏军坦克被击毁。

1944年1月9日：在挫败苏军于舍列帕基发动的另一次攻击后，第13连的2辆虎式支援党卫军第1装甲侦察营第3连实施反击，击毁12辆T-34。

1944年1月10日：第13连的魏特曼少尉累计击毁了66辆敌军坦克，被提名授予骑士十字勋章。

1944年1月11日：第13连于夜间撤往斯梅莱以南地区，全连有4辆虎式可以作战。

1944年1月12日：当天，2辆由维修连返回前线的虎式坦克在魏特曼少尉及洛茨特施党卫军（Lötzsch）上士指挥下击毁了3辆突破德军防线的苏军坦克，并且推进到乌兰诺夫（Ulanoff）。全连可以作战的坦克数量恢复到6辆。

1944年1月13日：大批苏军坦克从楚托瑞思科（Chutorysko）向切舍斯诺夫卡（Tschessnovka）推进，被派普装甲战斗群所阻并遭到重创，有34辆苏军坦克被击毁。第13连的2辆虎式在贝斯佩奇纳（Bespetschena）附近支援第188步兵团作战。魏特曼少尉在取得第88个击杀战果后被推荐获得橡叶饰。

1944年1月14日：派普装甲战斗群从斯梅莱以西地区发起攻击，推进到霍图瑞斯克（Choturysko）东北地区，突袭了苏军的集结地域，苏军部队丢弃了重武器匆忙撤退，连长座车在战斗中取得了两个战果。在一处小村庄"警卫旗队"师师长、党卫军上校维施（Wisch）为魏特曼少尉颁发了骑士十字勋章。

1944年1月15日：第13连5辆可以作战的虎式坦克在什泰特科夫茨（Stetkovzy）附近投入战斗，但因为苏军反坦克火力过于炽烈，进攻被迫取消。

1944年1月17日：克林上尉被任命为党卫军第1装甲团第2营营长。自1942年11月起，第13连已经累计击毁了343辆敌军坦克、8辆自行火炮和255门反坦克炮。

1944年1月18日：魏特曼车组的炮手党卫军上等兵巴尔塔扎·沃尔（Balthasar Woll）因为取得了80个击毁战果而获颁骑士十字勋章。

1944年1月19日：第13连被第371步兵师一部接替，得以从前线后撤，向奇梅林克（Chmelnik）转移，全连当日可用兵力仅有1辆虎式坦克。

1944年1月19日至21日：在撤离前线后，第13连的2辆受损严重的虎式坦克被送往后方工厂大修，全连保有坦克数量降至6辆。

1944年1月24日：第13连被运至文尼察（Winniza）东北部，道路十分泥泞，地形状况极为恶劣。

1944年1月25日：第13连作为库尔曼战斗群（Kampfgruppe Kuhlmann）的一部分向卡利诺夫卡（Kalinovka）至乌曼（Uman）铁路线以西运动，推进至奥什雷滕亚（Oischeretnja）以西的316.6高地，击毁了数辆苏军坦克。

1944年1月26日：第13连出动4辆虎式发起进攻，越过一道反坦克壕沟，经纳帕多夫卡（Napadovka）推进至罗斯索舍亚（Rossoschje）。

1944年1月27日：德军占领利波维茨火车站（Lipowez Railroad Station）及其北面的十字路口，第13连又击毁数辆坦克。

1944年1月28日至31日：第13连4辆可以作战的虎式坦克负责掩护利波维茨火车站，再度击毁数辆坦克。

1944年1月30日：魏特曼少尉成为德国武装部队中第380位获颁橡叶饰的军人，同时被晋升为党卫军中尉。自1月7日起的22天里，魏特曼车组已经击毁了61辆坦克，总战绩达到117辆，同日第13连的另一位虎式王牌文多夫少尉也被晋升中尉。

1944年1月31日：第13连当日可用兵力为2辆虎式坦克，在执行掩护任务时与苏军发生遭遇战，击毁数辆坦克。

1944年2月1日：第13连从敌前撤退，行军至莫纳斯特尔奇火车站（Monastyrischtsche Railroad Station），6辆虎式坦克经铁路运至克拉斯内（Krasnyi）。当魏特曼中尉前往元首大本营接受橡叶饰时，由文多夫中尉代理指挥全连。

1944年2月5日：第13连抵达克拉斯内，3辆虎式加入库尔曼战斗群，参与解救切尔卡瑟被围部队的行动。

1944年2月6日：2辆虎式和9辆"黑豹"坦克向蒂诺夫卡（Tinovka）推进，击毁数辆苏军坦克。

1944年2月7日：第13连4辆可以作战的虎式坦克在燃油告罄的情况下，在蒂诺夫卡和沃伊特列夫卡（Woytilevka）之间作战，击毁数辆坦克。

1944年2月8日：在晚间，一些Ⅳ号坦克抵达前沿增援，它们还拖带了一辆加油卡车。

1944年2月9日：苏军进攻塔季扬夫卡（Tatjanovka）以北地区，被德军挫败，有

第5章　武装党卫军第1装甲团第13连行动日志

2辆苏军坦克被击毁。

1944年2月10日：上级允诺为第13连补充5辆新的虎式坦克，但这些装备直到3月初才运抵塔尔诺波尔。

1944年2月12日：文多夫中尉也被授予骑士十字勋章。

1944年2月14日：第13连配属于第34步兵师，但仅有一辆虎式坦克可以投入战斗，其他坦克均发生故障，需要拖曳，还有两辆掉队的坦克被车组成员炸毁，全连保有坦克数量降至4辆。

1944年2月15日：第13连部署在塔季扬夫卡（Tatjanovka）的防御阵地上。

1944年2月16日：第13连解除了与第34步兵师的隶属关系，行军至弗兰科韦卡（Frankovka），3辆虎式需要拖曳，仅有1辆虎式可以作战，1辆虎式后来被炸毁，全连保有坦克数量仅剩3辆。

1944年2月17日：当天晚间，第13连3辆可以作战的虎式坦克被派往红十月村（Oktjabr），击毁了数辆坦克和多门反坦克炮，同时与第一批从切尔卡瑟突围的友军部队会合。

1944年2月19日：党卫军下士克勒贝尔（Kleber）的虎式坦克因为转向机构损坏，在罗斯科切夫卡（Rosskosechewka）被炸毁，全连仅剩2辆虎式坦克。

1944年2月20日：苏军坦克向红十月村和利斯扬卡（Lyssjanka）之间的地区发起进攻，被德军击退。

1944年2月22日：德军战线退至沙宾卡（Shabinka），第13连改为预备队，一直后撤至舒本宾内斯特瓦（Schubennyi Staw）。

1944年2月23日：克林上尉终于获得骑士十字勋章。

1944年2月24日："警卫旗队"师在塔尔诺耶（Talnoje）地区集结，第13连的最后两辆虎式坦克也后送修理，全连保有坦克数量降至零。

1944年2月29日：全连登上火车前往塔尔诺波尔，5辆新的虎式坦克被编入"警卫旗队"师装甲战斗群。

1944年3月1日：党卫军第1装甲团第13连正式解散，所属官兵在克里斯蒂安诺夫卡（Christianovka）登上火车前往比利时，加入党卫军第101重装甲营。

1944年3月5日：6辆全新的虎式坦克交付"警卫旗队"师。

1944年3月6日：全部6辆虎式坦克都可以投入战斗。

1944年3月7日：2辆虎式在巴比耶夫卡（Babijevka）和格诺罗夫卡（Gnorovka）地区作战。

1944年3月8日：可以作战的虎式坦克数量是4辆。

1944年3月9日：4辆可以作战的虎式与第503重装甲营的4辆虎式支援库尔曼战斗群对马纳迪钦（Manatschin）的进攻，德军部队在大约11时占领了洛索瓦（Losova）。

1944年3月10日："警卫旗队"师将5辆虎式部署在沃伊托维斯基（Vojtovszy）附近保护师部。

1944年3月11日：2辆虎式向沃伊托维斯基火车站以北的338.7高地前进，击毁了数辆苏军坦克。

1944年3月12日至14日："警卫旗队"师可以作战的虎式坦克数量为2辆。

1944年3月14日："警卫旗队"师的装甲战斗群肃清了彼得罗夫卡（Petrovka）以东的苏军部队，击毁1辆坦克和4门反坦克炮，党卫军上等兵瓦姆布伦（Warmbrunn）指挥的虎式坦克参与了这次行动。

1944年3月15日：2辆虎式坦克参与了彼得罗夫卡以西地区的清剿行动。

1944年3月16日至21日："警卫旗队"师具备作战能力的虎式坦克数量是3辆。

1944年3月17日："警卫旗队"师可作战的虎式坦克数量为3辆，其装甲战斗群从索罗滕诺（Ssolotnno）以东出发，与第7装甲师建立联系。

1944年3月19日至20日：没有作战行动。

1944年3月21日：党卫军上等兵瓦姆布伦的虎式坦克击毁了一门反坦克炮。

1944年3月22日：一辆虎式坦克在索罗莫诺（Ssolomno）西南45公里的科佩钦齐（Kopytschinzy）掩护一个战地急救站撤离时击毁了3辆T-34。

1944年3月24日：已经陷入包围的"警卫旗队"师竭力保持与外界的联系，得到部分空投补给，在随后几天里为突围做准备。

1944年4月2日："警卫旗队"师具备作战能力的虎式坦克是3辆。

1944年4月6日："警卫旗队"师的第一支突围部队在乌拉赛科夫茨（Ulaskovcze）附近抵达塞雷斯河（Sereth River）岸边。

1944年4月7日：2辆虎式坦克被部署在布查茨（Buczacz）东南地区。

1944年4月12日："警卫旗队"师与党卫军第10"弗伦茨贝格"装甲师的解围部队建立了联系。

1944年4月14日：突围成功的"警卫旗队"师在特雷布霍采（Trybuchoce）休整，并将剩余的坦克移交第59军。

1944年4月16日："警卫旗队"师余部向比利时蒙斯（Mons）开进，但瓦姆布伦上等兵指挥的虎式坦克继续跟随党卫军第10装甲师作战，支援后者进攻博布林斯（Bobulince）的苏军桥头堡阵地，击毁了1辆T-34和1辆"谢尔曼"。

第 5 章　武装党卫军第 1 装甲团第 13 连行动日志

战果统计

自 1942 年 11 月组建至 1944 年 3 月正式解散,"警卫旗队"师所属党卫军第 1 装甲团第 13 连击毁了超过 400 辆敌军坦克,自身损失 42 辆。

党卫军第1装甲团第13连历任指挥官

党卫军上尉海因里希·克林（1942年12月24日至1943年12月30日）
党卫军中尉米夏埃尔·魏特曼（1943年12月30日至1944年2月1日）
党卫军中尉赫尔穆特·文多夫（1944年2月1日至1944年3月1日）

党卫军第1装甲团第13连骑士十字勋章获得者

党卫军下士弗兰茨·施陶德格	骑士十字勋章	1943年7月10日
党卫军少尉米夏埃尔·魏特曼	骑士十字勋章	1944年1月14日
党卫军上等兵巴尔塔扎·沃尔	骑士十字勋章	1944年1月18日
党卫军中尉米夏埃尔·魏特曼	橡叶饰（第380位）	1944年1月30日
党卫军中尉赫尔穆特·文多夫	骑士十字勋章	1944年2月12日
党卫军上尉海因里希·克林	骑士十字勋章	1944年2月23日

党卫军第1装甲团第13连虎I/虎II坦克接收及保有数量统计表

接收日期	虎I坦克	虎II坦克	保有数量	备注
1942.12	6	—	6	另有15辆Ⅲ号J型
1943.1	4	—	10	
1943.5.13	5	—	13	
1943.6	1	—	14	由党卫军第2装甲军移交
1943.7.16	5	—	17	
1943.7.26	−9	—	0	移交"帝国"师
1943.7.26	−8	—	0	移交"髑髅"师
1943.8	27	—	27	用于组建第101营
1944.2.10	5	—	8	
1944.2	6	—	6	
总计	42	0		

※ 原书统计如此，估计有误。责编注。

党卫军第1装甲团第13连虎I/虎II坦克损失情况统计表

损失日期	损失数量	保有数量	备注
1943.2.12	1	9	自燃
1943.3.5	1	8	自燃
1943.7.6	1	13	拆解作为备件
1943.7.12	1	12	被坦克击毁
1943.11.15	2	25	被友军炮火击毁
1943.12.8	1	24	被缴获
1943.12.19	1	23	被反坦克炮击毁
1943.12.24	7	16	被己方乘员摧毁
1943.12.28	1	15	被坦克击毁
1943.12.29	2	13	被己方乘员摧毁
1944.1.2	5	8	被己方乘员摧毁
1944.1.19–21	2	6	后送维修
1944.2.14	2	4	被己方乘员摧毁
1944.2.16	1	3	被己方乘员摧毁
1944.2.19	1	2	被己方乘员摧毁
1944.2.24	2	0	后送维修
1944.3	5	0	?
1944.3–4	6	0	?
总计	42		战损15%，自毁75%，其他原因损失10%

第5章　武装党卫军第1装甲团第13连行动日志

党卫军第1装甲团第4连编制序列（1943年2月）

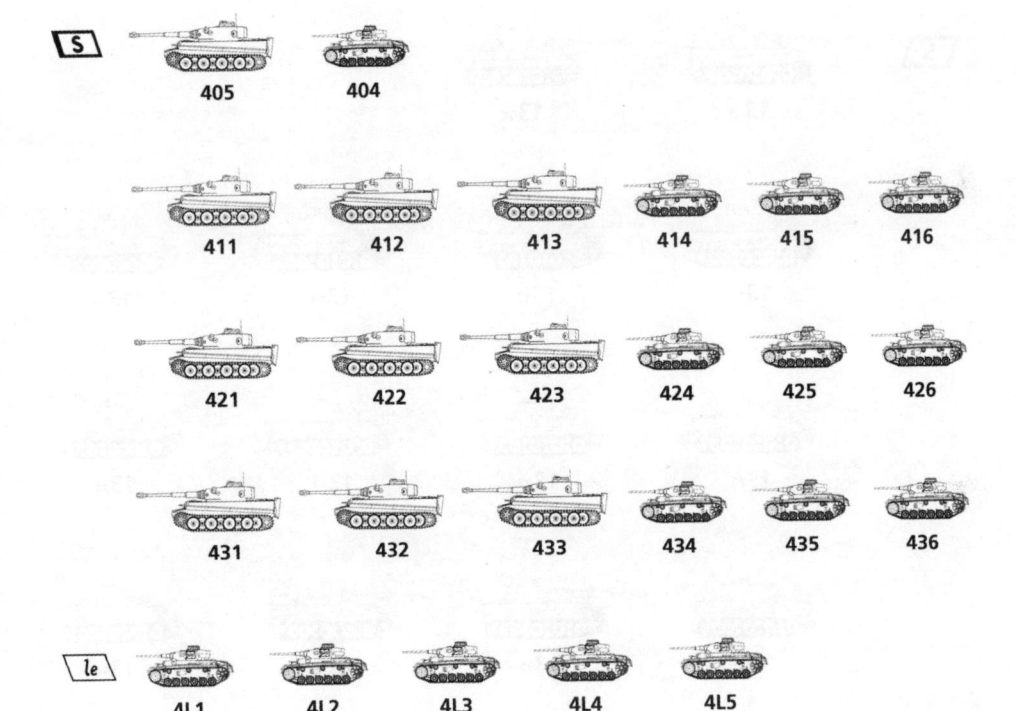

[S] 405　404

411　412　413　414　415　416

421　422　423　424　425　426

431　432　433　434　435　436

[le] 4L1　4L2　4L3　4L4　4L5

党卫军第1装甲团第13连编制序列（1943年7月）

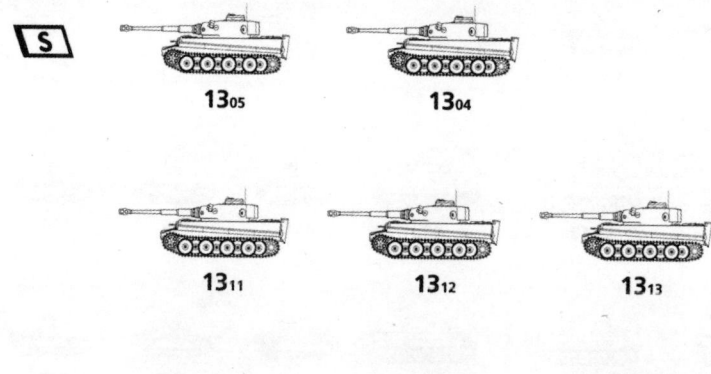

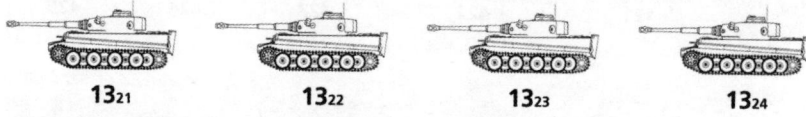

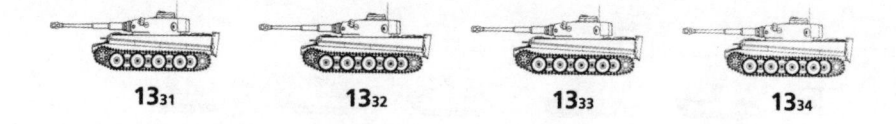

[S]

13₀5   13₀4

13₁₁   13₁₂   13₁₃   13₁₄

13₂₁   13₂₂   13₂₃   13₂₄

13₃₁   13₃₂   13₃₃   13₃₄

第 5 章　武装党卫军第 1 装甲团第 13 连行动日志

党卫军第 1 装甲团第 13 连编制序列（1943 年 11 月）

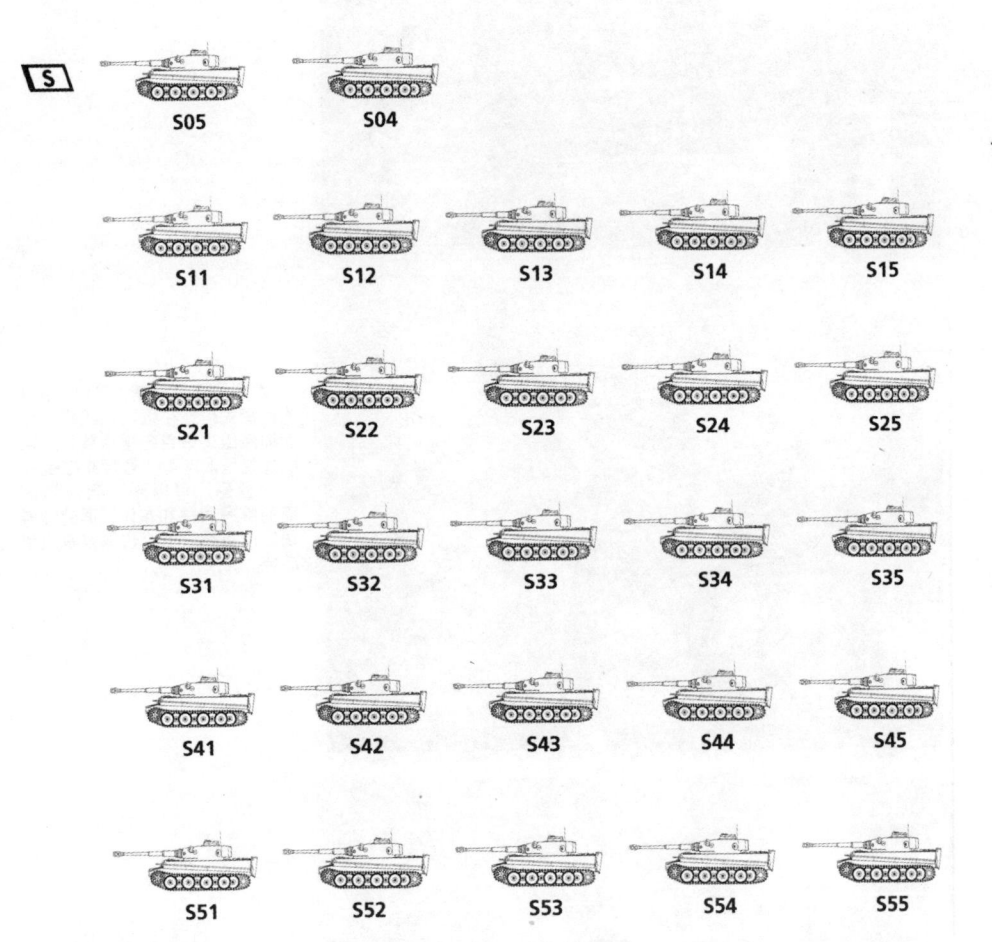

S

S05　　S04

S11　　S12　　S13　　S14　　S15

S21　　S22　　S23　　S24　　S25

S31　　S32　　S33　　S34　　S35

S41　　S42　　S43　　S44　　S45

S51　　S52　　S53　　S54　　S55

虎式坦克 全景战史

※ 左图　1943年2月初，党卫军第1装甲团第4连的虎式坦克在抵达波尔塔瓦后，一名党卫军士兵在为刚运抵的虎式坦克安装外侧负重轮，以便更换宽幅作战履带。

※ 左图　党卫军第1装甲团第4连的虎式坦克在抵达东线战场后立即涂绘了白色冬季伪装，这幅照片就是该连411号坦克在换装后的留影，可以观察到炮塔侧面的编号周围和车体正面的师徽周边没有被涂白，仍保留着灰色底色。

※ 左图　拍摄于1943年3月哈尔科夫前线"警卫旗队"师的战地维修厂，党卫军第1装甲团第4连的一辆虎式坦克正在接受维修，可见修理人员已经将坦克主炮连同防盾一起拆卸完毕，并用起重机吊放到地面上。

第 5 章　武装党卫军第 1 装甲团第 13 连行动日志

※ **本页组图**　这两幅照片是党卫军第 1 装甲团第 4 连维修排的士兵在 1943 年 3 月间拍摄的，当时正值哈尔科夫战役的高潮阶段，维修排的士兵们一直忙于修理损伤的虎式坦克。照片中的这辆虎式坦克是由党卫军上尉文多夫指挥的，于 1943 年 3 月 6 日不慎坠河，在浸泡了数天后才被回收，送往维修排修理。从照片中可以观察到，这辆虎式坦克车体侧面的铁十字标志可能是重新涂绘的，或者是经过了仔细的修整，在标志边缘没有留下灰色底色的痕迹，而在第 4 连最初抵达前线并为坦克更换白色涂装时，很少会做得如此彻底。

虎式坦克 全景战史

130

※ 本页组图　1943年4月中旬，新任装甲兵总监古德里安大将造访"警卫旗队"师，并参观了党卫军第1装甲团第4连的虎式坦克，本页及对页的照片均拍摄于这一时期。在访问期间，古德里安亲自登上了第4连连长乘坐的405号虎式坦克，并由连长党卫军上尉克林介绍坦克的性能。从上面的照片可以看到，405号坦克已经去除了白色冬季涂装，并且涂绘了某种条纹迷彩；值得注意的是，站在指挥塔上的那名军官就是未来的"虎式王牌"党卫军少尉魏特曼。

第5章 武装党卫军第1装甲团第13连行动日志

※ 本页组图 古德里安大将参观虎式坦克的近距离特写照片（上图），站在他左手边进行讲解的军官就是第4连连长克林上尉。从上面这幅照片可以观察到，405号坦克的并列机枪被拆除，火炮防盾上的机枪射孔也被封堵，这是由于405号坦克是一辆指挥型虎式，拆除并列机枪是为了在炮塔内部安装额外的无线电通讯设备，此外车内储存的弹药也相应减少。有资料表明，405号车是第89辆出厂的虎式坦克。在下面这幅照片中，古德里安面带微笑，看起来对这次视察相当满意，注意他身后虎式坦克车体正面左侧可以清晰地看到"警卫旗队"师的师徽。

※ 上图　1943年4月20日，"警卫旗队"师举行了一个仪式庆祝希特勒的生日，党卫军第1装甲团第4连的虎式坦克也在仪式上登场亮相。图为该连的三位军官在坦克前合影留念，自左向右分别是文多夫少尉、许茨中尉和魏特曼少尉，其中文多夫和魏特曼后来都成为著名的虎式坦克王牌。

※ 下图　1943年5月间，党卫军第1装甲团第4连陆续接收了新的补充坦克，照片中就是其中一辆。这批崭新的虎式坦克都喷涂了迷彩，从指挥塔造型看仍属于初期型坦克，在车体正面首下位置加挂了备用履带板。当时"警卫旗队"师仍驻守哈尔科夫地区，开始为"堡垒"行动进行准备。

第5章 武装党卫军第1装甲团第13连行动日志

※ 右上图 1943年5月13日，5辆新的虎式坦克由火车运抵东部前线，交付"警卫旗队"师，照片中这辆坦克尚未卸下火车，一名党卫军士兵在车旁持枪警戒。从照片中可见虎式坦克已经更换为橄榄黄底色，尚未涂绘任何编号和标志，在车体侧面有一个白色的数字4，应该是运输时的序列号。

※ 右中、下图 1943年5月间，党卫军第1装甲团第4连利用战役间歇的平静时光组织训练，提高虎式坦克车组的作战能力，图中的虎式坦克是第4连第1排排长许茨中尉的411号坦克。

虎式坦克 全景战史

※ 左图 从左侧后方拍摄的411号虎式坦克，可以注意到车尾安装的空气滤清器，这一设备是为热带沙漠地区作战而设计的，但在东线作战的坦克并未将其拆除，通常会继续使用直至报废。

※ 左图 411号虎式坦克在一处斜坡下停车，车长在指挥塔上用望远镜观察情况，可见坦克车身上已经涂绘了伪装迷彩。

※ 左图 411号虎式坦克进行越野训练的雄姿，注意车首左侧的环扣上已经连接了拖曳钢缆。

第5章 武装党卫军第1装甲团第13连行动日志

135

※ 上图及下图　两幅从左侧拍摄的411号虎式坦克近照，可以清楚地观察到炮塔侧面的编号以及车体侧面的铁十字标志。值得注意的是炮塔前部的烟雾弹发射器没有安装，因为这一设备可能在战斗的关键时刻意外击发，对坦克的观察和射击造成障碍。

虎式坦克 全景战史

※ 左图　党卫军第1装甲团第4连早期装备的一辆虎式坦克，其烟雾弹发射器没有拆除，在镜头近处车首部位长短不一的杆子实际上是车首备用履带板的插销。

※ 左图　党卫军第1装甲团第4连的一个虎式坦克车组在完成主炮身管的清洁工作后合力拆解清洗杆，照片最左侧头戴作战帽的人就是这辆坦克的车长党卫军下士文特。

※ 左图　党卫军第1装甲团第4连的虎式坦克在前往"堡垒"行动集结地域之前补充88毫米炮弹，注意炮塔侧面悬挂着一顶带有党卫军盔徽的钢盔。

第 5 章　武装党卫军第 1 装甲团第 13 连行动日志

※ 上图　1943年6月底，"警卫旗队"师进入"堡垒"行动集结地域，图为党卫军第1装甲团的一辆虎式坦克隐蔽在树林中，等待进攻时刻的到来。在战役前夕，党卫军第1装甲团第4连变更番号为第13连，所有坦克的编号也做了相应改动，图中这辆坦克的编号为1312号。

※ 下图　在库尔斯克战役中，关于党卫军虎式坦克部队的照片大多来自"帝国"师，而"警卫旗队"师的虎式坦克则很少出现在镜头前，这幅照片则是少数留影中的一幅，拍摄于德军进攻的初期阶段。党卫军第1装甲团第13连的虎式坦克穿过一片草堆向前沿推进，远处还能看到炮兵火力激起的烟尘。

虎式坦克 全景战史

※ 左图 党卫军第1装甲团第4连的1313号虎式坦克在库尔斯克战役期间的一幅照片，从车体正面首下装甲上的弹痕判断这辆坦克已经经历了战斗，在车体后部插着一面卐字旗，作为对空识别标志。

※ 左图 一群党卫军士兵搭乘第13连的虎式坦克开赴前线，照片左侧的坦克是1311号，没有安装空气滤清器和排气管护罩；右侧的虎式坦克属于第13连第3排，配备了上述两种设备。步兵搭乘坦克仅限于战线后方的短程机动，而在前沿地带这样做并不安全。

※ 左图 这是苏联方面拍摄的新闻宣传片的一个镜头，表现了一群苏军步兵接近一辆被击中起火的虎式坦克，很可能是战斗之后利用残骸摆拍的。

第5章　武装党卫军第1装甲团第13连行动日志

※ 右图　党卫军第1装甲团第4连的一辆虎式坦克在库尔斯克战场上中弹燃烧，熊熊火焰从引擎舱冒出，烟尘冲天。这幅照片拍摄于1943年7月12日，当天苏德双方在普罗霍鲁夫卡爆发了规模空前的坦克战。

※ 下图　在库尔斯克战役中，"警卫旗队"师的虎式坦克冒着炮火发起冲锋。在这次战役中，第13连的虎式坦克取得了出色的战绩，但未能扭转战役的走向，德军最后败北。

虎式坦克 全景战史

※ 上图　在库尔斯克战役期间，党卫军第1装甲团第13连的一辆虎式坦克在夜间穿过一座燃烧的村庄，火光将虎式坦克的身影清晰地映衬出来。

※ 下图　在战斗间歇，党卫军第1装甲团第13连的虎式坦克在补充88毫米炮弹，然后迅速返回前线继续作战。库尔斯克战役中的坦克交战强度很大，虎式坦克的弹药消耗十分惊人，即使每辆坦克携带超过90发炮弹也常常出现炮弹告罄的情况。

第5章　武装党卫军第1装甲团第13连行动日志

※ 上图　党卫军第1装甲团第13连的1334号虎式坦克，摄于"堡垒"行动结束后不久，坦克车身上还可以看到累累弹痕，在这次战役中该连取得了骄人战绩。

※ 下图　1943年7月底，"警卫旗队"师奉命调往意大利休整，党卫军第1装甲团第13连也将剩余的虎式坦克移交"帝国"师和"髑髅"师，轻装转进，并在新防区接收新的虎式坦克。图为刚刚运抵意大利的虎式坦克，它们计划用于组建新的党卫军第101重装甲营。

※ 上图及下图　1943年10月14日，党卫军第1装甲团第13连举行授勋典礼，向"堡垒"行动中的立功人员颁发勋章，连内的虎式坦克被集合到典礼现场。第13连连长克林上尉也获得了装甲突击章，上图就是连长面带笑容，由哈伯曼军士长确认授奖文件，两人身后是S33号虎式坦克。下图是四名立功官兵在授勋后站在虎式坦克前合影留念，自左向右分别是奥格斯特上士、魏特曼少尉、莫里下士和勃兰特上士。

第5章　武装党卫军第1装甲团第13连行动日志

※ 上图　在第13连的授勋仪式上，军士长哈伯曼与其他三位军士在S32号虎式坦克前合影留念。

※ 下图　第13连的卡姆拉德上士在自己的新座车前留影，这辆崭新的虎式坦克编号为S14，车体上已经涂绘了独特的伪装迷彩，据说是为新成立的党卫军第101重装甲营而特意设计的，不过在当时这个营还并不存在。

虎式坦克 全景战史

144

※ 上图及下图　1943年10月底，由于东线战场局势恶化，"警卫旗队"师结束休整，再次返回俄国前线，正在组建的党卫军第101重装甲营第1、2连也随同师主力向东开拔，两个连的坦克合并为一个加强连。上图为装上火车运往东线的"警卫旗队"师所属坦克，包括S41号虎式坦克和519号Ⅳ号坦克；下图是抵达中央集团军群战区的党卫军第1装甲团第13连的虎式坦克排成纵队向前沿地带前进，注意当时地面还较为泥泞，坦克车组成员倒是一脸轻松，看来经过数月休息后，他们对连队的实力充满了信心。

第5章 武装党卫军第1装甲团第13连行动日志

※ 上图 1943年秋季，党卫军第1装甲团第13连的一辆虎式坦克在开赴前线途中发生机械故障，无法移动，在原地等待拖曳，车首的拖曳钢缆已经安装到位。为了防备空袭，车组成员用树枝对坦克进行了伪装。

※ 右图 维修分队的有力保障是重装甲部队保持充沛战斗力的重要基础，当第13连投入战斗后，配属的维修排也进入高速运转状态。图为S12号虎式坦克在维修厂内吊起炮塔，以检查内部设备。

虎式坦克 全景战史

※ 左图　俄罗斯深秋时节的大雨将大地化为泥沼，给德军装甲部队的作战带来很大困难，这幅照片充分说明了这一点，当时三辆虎式坦克在一处村庄内进行油料补给，不过运油卡车自己已经泥足深陷，需要救援。

※ 左图　1943年11月22日，党卫军第1装甲团第13连的瓦姆布伦上等兵在座车上留影，他是该连的王牌炮手，在当天已经取得了43个击毁战果，注意坦克炮管上的击杀标志。

※ 左图　随着冬季的降临，第13连的虎式坦克都更换了冬季涂装。图为该连的S45号坦克准备支援步兵发起一次反击作战，不少步兵直接爬上坦克，开赴前线。

第5章　武装党卫军第1装甲团第13连行动日志

※ 上图　1943年初冬，党卫军第1装甲团第13连的一辆虎式坦克被配属于一个工兵营。图为这辆坦克进驻工兵营营部所在的村落，在照片右侧可以看到悬挂指挥旗的吉普车，应该是工兵营营长的座车。

※ 右图　在1943年至1944年冬季的作战中，第13连的魏特曼少尉成为一颗冉冉升起的战斗明星，他本人和他的炮手沃尔上等兵分别在1944年1月14日和1月18日获得了骑士十字勋章。图为两人授勋后全体车组成员在座车S21号虎式坦克前合影，注意炮管上已经记录了88个击毁战果。

虎式坦克 全景战史

※ 上图　1944年2月底，第13连的S24号虎式坦克在利普维茨火车站附近进行战斗，这辆坦克用黑色涂料重新涂写了24的编号，但省略了字母S。

※ 下四图　1944年3月，6辆新的虎式坦克交付"警卫旗队"师，由于当时第13连已经解散，这批坦克作为独立单位继续作战，都以单位数字编号。下面四幅照片源自德军新闻纪录片的截图，反映了这个虎式坦克群的2号坦克在冰雪中奋战的情形。

第 5 章 武装党卫军第 1 装甲团第 13 连行动日志

※ 右图 1943年至1944年冬季的战局就像照片中糟糕的路面状况一样令人抓狂，图为第13连的S45号虎式坦克和一辆奔驰卡车一起困在泥沼当中，无法自拔。

※ 右中图 这幅照片是1944年3月间"警卫旗队"师的虎式坦克在东线战场上的最后留影，当时正配合其他部队实施一次装甲突击，注意远处还有一辆Ⅳ号坦克。

※ 下图 拍摄于1943年11月间，党卫军第1装甲团第13连的S24号虎式坦克在一座村舍旁停留，车组成员用能够找到的任何东西对车体进行伪装，包括梯子。

虎式坦克 全景战史

※ 左两图　1944年3月间，"警卫旗队"师从东线撤离，该师所辖的虎式坦克也全部战损或丢弃在前线，左侧的两幅照片就是被遗弃的坦克残骸。不少虎式坦克并非在战斗中被苏军击毁，而是由于故障或缺乏燃料而被车组成员自行破坏的。

※ 右图　两名苏军军官坐在一辆"警卫旗队"师的虎式坦克残骸上阅读文件，这样做似乎特别有胜利者的优越感，毕竟他们屁股下面是德军最强有力的武器之一。

第6章 武装党卫军第2装甲团第8连行动日志

1942年11月15日，依据同年8月15日发布的命令，党卫军"帝国"装甲掷弹兵师获准在建制内组建一个重型坦克连，于12月间在法林格博斯特尔开始筹建，其车组成员在卡塞尔的亨舍尔工厂内接受培训，首任连长是党卫军上尉格雷德尔（Grader），部队番号为党卫军"帝国"装甲团（即党卫军第2装甲团）第8连。

1943年1月24日至25日：第8连登上火车准备开赴东线作战。

1943年2月1日至2日：运载第8连的军列抵达哈尔科夫，部分坦克被留下作为哈尔科夫火车站的防御部队，由于地面冰雪覆盖，给坦克行进带来很大困难。

1943年2月8日：第8连在执行防御任务期间，连长不幸阵亡，由党卫军上尉库尔曼（Kuhlmann）接任，同时第8连接收了适于在冰雪路面行进的履带防滑片。

1943年2月9日：第8连的7辆虎式再次装上火车，但所有Ⅲ号坦克被留在装甲团内备用。

1943年2月10日：防御哈尔科夫的德军部队撤往梅勒法。

1943年2月11日：第8连的虎式坦克卸车，党卫军中尉格拉赫（Gerlach）的虎式坦克因触雷失去行动能力，后来被苏军缴获。第8连的虎式坦克终于加装了履带防滑片，有效提高了在冰雪地形上的行进能力，全连保有虎式坦克数量降至9辆。

1943年2月12日：德军从哈尔科夫撤退，经顿涅茨大桥向后方的铁路枢纽转移。

1943年2月14日：苏军封锁了梅勒法至克拉斯诺格勒（Krasnograd）之间的道路，使德军行动时间推迟。

1943年2月17日：第8连随同"帝国"师主力撤至波尔塔瓦，同时新的802号指挥坦克交付该连，使全连保有虎式坦克数量增至10辆。连长库尔曼上尉被调往"警卫旗队"师另任新职，由党卫军上尉赫尔齐希（Herzig）接任第8连连长。当日，该连可以作战的虎式坦克数量是3辆。

1943年2月19日：由于第8连没有配备坦克抢修车，所以只能求助于军属重装甲维修连的18吨牵引车。

1943年2月20日：全连当天仅有党卫军上士埃格尔（Egger）的虎式坦克具备作战能力，这辆坦克奉命支援党卫军第2装甲团第2营对诺夫莫斯科夫斯克（Nowomoskowsk）的进攻，击毁了5门反坦克炮。

1943年2月21日：埃格尔上士的虎式坦克再度带头冲锋，进攻哈尔科夫以南15公里的帕夫洛格勒（Pawlograd），击毁了4辆T-34和6门反坦克炮。

1943年2月22日：包括埃格尔上士座车在内的数辆虎式奉命保卫帕夫洛格勒以西横跨沃尔齐纳河（Woltschia River）的桥梁，这座桥梁是被党卫军军士长克洛斯科夫斯基（Kloskowski）指挥的431号Ⅲ号坦克夺取的，他因为这次英勇行动而在7月间获得了骑士十字勋章。

1943年2月25日：第8连当日可以作战的虎式坦克数量为3辆。连长与一群德国空军军官聚会时打赌说，他的坦克手可以驾驶虎式坦克越过封冻的小河，结果他输掉了赌注，这辆坦克压碎了冰面，几乎完全被水淹没。数日后德军动用了3辆坦克和2辆18吨牵引车才将其回收，并送往第聂伯罗彼得罗夫斯克（Dnjepropetrowsk）的维修厂进行大修，这件荒唐事被上报到元首大本营。

1943年3月1日："帝国"师的一个战斗群进攻梅勒法地区，第8连的虎式坦克击毁了13辆苏军坦克。在波尔塔瓦至哈尔科夫的铁路附近，党卫军少尉卡尔斯（Kalls）的Ⅲ号坦克被击毁，1辆Ⅲ号和2辆虎式继续进攻，1辆虎式因自燃焚毁，全连保有虎式坦克数量降至9辆。

1943年3月2日：德军接连攻占诺瓦巴拉瓦亚（Novabavaria）和叶夫列莫夫卡（Jefremowka）。

1943年3月3日："帝国"师装甲战斗群向姆沙河沿岸展开进攻，并在巴赫迈尔特耶夫卡（Bachmetjewka）附近建立了一处桥头堡阵地，但第8连所有虎式坦克都失去了行动能力，"帝国"师的进攻得到了党卫军第3装甲团的支援。

1943年3月4日：第8连仍无可以作战的虎式坦克。

1943年3月7日：第8连仍无可以作战的虎式坦克。

1943年3月8日：第8连可以作战的虎式坦克数量为4辆，并占领了瓦尔基。

1943年3月9日：在第8连2辆虎式的支援下，德军从瓦尔基北部向哈尔科夫北郊实施攻击，经奥尔尚涅和杰尔加布拉奇进至通往别尔哥罗德的主要公路沿线，击毁了13辆坦克，占领了公路线，从而封闭了苏军向北撤退的道路。

1943年3月10日：第8连的虎式坦克再度全部失去作战能力。

第6章　武装党卫军第2装甲团第8连行动日志

1943年3月11日：当天清晨，第8连进入出击阵地，准备攻击萨利耶季纳（Saljutina），但随后的进攻行动被苏军的反坦克防御阵地所阻。

1943年3月12日：在3辆虎式的引领下，德军向哈尔科夫方向的诺瓦巴拉瓦亚发起反击，一辆Ⅲ号坦克被击毁，无线电操作手阵亡。

1943年3月13日：德军经哈尔科夫以北地区推进，在洛斯瑟夫沃（Lossewo）的拖拉机厂附近与苏军发生激战。当天第8连具备作战能力的虎式坦克数量是5辆。

1943年3月14日：德军从罗根火车站（Rogan Railway Station）开始进攻，推进至泰尔诺夫耶（Ternowoje）西北的铁路路基，第8连当日可用兵力为4辆虎式坦克。

1943年3月15日：德军攻占奥斯诺瓦（Osnowa），第8连有3辆虎式坦克可用。

1943年3月16日：德军向北推进至韦塞尔罗耶（Wesseloje），第8连可用兵力为2辆虎式。

1943年3月17日：德军占领内波科里耶（Nepokrytoje），第8连可用兵力为2辆虎式。

1943年3月18日：第8连的虎式坦克在经过80公里的长途行军后进入别尔哥罗德以南地区，其间数次发生机械故障。

1943年3月19日：第8连抵达顿涅茨河畔，当日该连可用的虎式坦克数量为2辆，美军飞机空袭了别尔哥罗德外围的德军部队。

1943年3月20日至21日：第8连在顿涅茨河岸边占领掩护阵地，801号虎式坦克击毁了3辆苏军坦克。进攻别尔哥罗德的德军于20日再度遭到美军空袭。

1943年3月22日：第8连奉命返回哈尔科夫，其间损失一辆虎式坦克，全连保有虎式坦克数量降至8辆。在哈尔科夫西部，第8连进行了油料补给和维修工作。

1943年3月24日至26日：第8连可用兵力为4辆虎式坦克。

1943年3月27日：六个坦克车组被调往帕德博恩。

1943年3月28日：第8连没有具备作战能力的虎式坦克。

1943年3月29日：第8连连长赫尔齐希上尉因为违纪而被解职，调回柏林从事训练工作。

1943年4月1日：党卫军第2装甲团第2营作为战备值班部队被置于党卫军"元首"装甲掷弹兵团团长党卫军上校库姆（Kumm）的指挥下。

1943年4月10日：党卫军上尉齐默尔曼（Zimmermann）成为第8连新任连长，但全连当日没有一辆虎式坦克可以作战，但连建制内还有7辆Ⅲ号坦克可用。

1943年4月20日：第8连被部署在哈尔科夫以西8公里的佩列谢维奇纳亚（Peresetschnaja），全连可用兵力为7辆虎式坦克。

1943年4月24日：党卫队全国领袖希姆莱（Himmler）前来视察，第8连为其进行了一次小型野战演习。

1943年4月30日：第8连当日可用兵力为6辆虎式坦克。

1943年5月7日：第8连行军至别尔哥罗德以西的集结地。

1943年5月10日：第8连又返回佩列谢维奇纳亚。

1943年5月13日：6辆全新的虎式坦克交付第8连，全连虎式坦克保有数量增至14辆，达到满编。由于铁路线遭到蓄意破坏，列车行程延误，因此交付时间晚于预期。

1943年5月20日：第8连可用兵力为9辆虎式坦克，同时该连移交了剩余的Ⅲ号坦克，按照标准编制进行整编，并且开始使用新的S系列编号系统。

1943年5月30日：第8连当日可以作战的虎式坦克数量是8辆。

1943年6月10日：第8连当日可以作战的虎式坦克数量是8辆。

1943年6月20日：第8连当日可以作战的虎式坦克数量是8辆。

1943年6月30日：第8连当日可以作战的虎式坦克数量是12辆。

1943年7月1日：第8连当日可以作战的虎式坦克数量是12辆。

1943年7月2日：第8连当日可以作战的虎式坦克数量是12辆。

1943年7月3日：第8连前往托马罗夫卡以西20公里的集结地域。

1943年7月4日：第8连具备作战能力的虎式坦克数量是12辆，于夜间占领了托马罗夫卡至贝科瓦公路以南地区，靠近222.3高地和228.6高地。

1943年7月5日："堡垒"行动开始，第8连在别列索夫（Beresoff）、233.3高地及其北面击毁了23辆坦克，有2辆虎式触雷瘫痪。

1943年7月6日：第8连在卢奇基（Lutschki）附近击毁了12辆T-34坦克，苏军的一列装甲列车投入战斗，给德军造成了一些损失，但随即被虎式坦克击中起火。

1943年7月10日：第8连具备作战能力的虎式坦克有9辆。

1943年7月11日：连长齐默尔曼上尉手臂负伤，由党卫军上尉洛伦茨（Lorenz）代理指挥，第8连在当日战斗中击毁了10辆坦克。当日12时，洛伦茨上尉的虎式坦克被击毁，上尉当场阵亡，由党卫军中尉泰斯（Theiss）接替指挥职务，全连保有虎式坦克数量降至13辆。

1943年7月12日：第8连的所有虎式坦克都失去作战能力。

1943年7月13日：第8连支援德军部队在维诺格拉多夫卡（Winogradowka）和伊万诺夫卡（Iwanowka）一线达成突破。

1943年7月14日："帝国"师装甲战斗群向东突击，夺取了伊万诺夫卡，继而向234.9高地进攻，当日第8连可用兵力为4辆虎式坦克，在莱斯基（Leski）东北2公里

第6章　武装党卫军第2装甲团第8连行动日志

的242.1高地南侧与苏军坦克部队发生交战。

1943年7月15日：德军继续向东北进攻，意图攻取242.7高地，以便向南做纵深推进。泰斯中尉的虎式坦克被反坦克炮击中指挥塔，刚上任数日的代理连长又一命呜呼，由党卫军中尉赖宁豪斯（Reininghaus）接过指挥权，他是自战役开始以来第8连的第四位连长了，当日全连可以作战的虎式坦克数量是8辆。

1943年7月16日：第8连当日可用兵力为5辆虎式坦克。同日，德军终止了"堡垒"行动，"帝国"师被第167步兵师替换，前往雅科夫列夫沃（Jakowlewo）、波克罗夫卡（Pokrowka）和别列戈瓦亚（Beregowoj）休整。

1943年7月17日：第8连当日可用兵力为9辆虎式坦克。

1943年7月20日：第8连当日可用兵力为8辆虎式坦克，装甲团集结地域遭到猛烈空袭。

1943年7月24日至25日：第8连在索斯诺夫卡（Ssossnowka）登上火车，经罗索瓦亚（Losowaja）运往巴尔文科沃（Barwenkowo）。

1943年7月26日：第8连在巴尔文科沃卸车。

1943年7月28日：第8连从党卫军第1装甲团第13连接收了9辆虎式，全连保有坦克数量增至22辆，同时再度装上火车开始转移，在利西昌斯克（Lissitschansk）卸车。

1943年7月29日：第8连抵达马克耶夫卡（Makejewka），在彼得罗夫斯基（Petrowsky）东北2公里的一处谷地中露营。

1943年7月30日：第8连参与了"罗兰"行动（Operation Roland），旨在阻止苏军部队沿米乌斯河（Mius River）一线的突破，但进攻初始就受阻于230.9高地前方的反坦克阵地，数辆坦克触雷，在攻占高地后继续推进，进攻双头高地，同时接到命令，向马里诺夫卡（Marinowka）发起连续攻击。

1943年7月31日：第8连能够作战的虎式坦克仅剩3辆，于凌晨1时开始攻击，在斯捷潘诺夫卡（Stepanowka）与苏军交战，中午时分，一场猛烈的暴风雨迫使双方停止作战行动。

1943年8月1日：由党卫军上士黑尔维希（Hellwig）指挥的S02号坦克和党卫军中尉滕斯费尔德（Tensfeld）指挥的S24号坦克奉命攻击202高地，S02号被反坦克炮击中后失去行动能力，不久S24号也步其后尘。另外3辆虎式坦克攻击了203.4高地，一直推进到奥尔布齐克河（Olcbowtschik River）沿岸，夺取了费奥多罗夫卡。

1943年8月2日："帝国"师的部队摧毁了当面苏军的抵抗，与"髑髅"师联合行动，恢复了米乌斯河前线的失守阵地，随后原地换防，前往哈日斯克（Charzyssk）地区集结。

1943年8月4日：第8连登上火车向西调动，在雅斯诺瓦陶伊（Jassinowataija）下车。

1943年8月8日：滕斯费尔德中尉的虎式坦克单独挡住了苏军17辆T-34的突击，击毁了其中10辆。

1943年8月10日：第8连当日可以作战的虎式坦克数量是3辆。

1943年8月13日：当日上午7时30分，德军向尼基托夫卡（Nikitowka）和米罗尤博夫卡（Miroljubowka）以北的树林展开攻击。

1943年8月14日：第8连在雅斯诺瓦陶伊登车向哈尔科夫转移，随后在基亚伊（Kijany），作为预备队防备苏军可能的进攻。

1943年8月15日：第8连抵达柳博京，党卫军中尉马茨克（Matzke）出任新连长。

1943年8月17日：第8连配属"帝国"师战斗工兵营，前往沙罗夫斯基（Scharowski）和萨纳特（Sanat）以西的集结地，于15时向米尔诺耶（Mirnoje）以北的181.1高地发动进攻，随后又突袭196高地。

1943年8月19日：第8连配属于"元首"装甲掷弹兵团，部署在克吕斯诺以北3公里处的防御阵地上，在战斗中有3辆虎式被击毁，全连保有坦克数量降至19辆。

1943年8月21日："帝国"师原地换防，党卫军第2装甲团于下午14时出发，经亚历山德罗夫卡（Alexandrowka）、科维亚拉基（Kowjagi）、奥古齐火车站（Ogulzy Railway Station）前往后方休整。

1943年8月22日：第8连当日可用兵力为5辆，同日德军放弃哈尔科夫。

1943年8月23日：第8连奉命支援"元首"团进行防御作战。

1943年8月27日：第8连当日可用兵力为6辆虎式坦克。

1943年8月29日：第8连奉命守卫梅勒法的防御阵地。

1943年8月31日至9月1日：第8连可用兵力为2辆虎式坦克。

1943年9月初：第8连在瓦尔基地区休整。

1943年9月10日：第8连能够作战的虎式坦克数量为5辆。

1943年9月14日：党卫军军士长索雷茨（Soretz）指挥的2辆虎式坦克向科洛马克（Kolomak）附近的一处重要高地发起反击，击毁数辆T-34和2门反坦克炮。

1943年9月17日至21日：第8连击退了苏军对高地的全部进攻，击毁12辆坦克，随后掩护全师向沃尔斯克拉河（Worskla River）沿岸的E防线撤退。

1943年9月18日：索雷茨军士长指挥的3辆虎式奉命解救在楚贝尔托沃（Tschutowo）以西陷入困境的"元首"团。第8连被调往第聂伯河沿岸，2辆虎式在执行掩护任务时发生故障，无法回收，只能就地拆解，作为零部件使用，随后被德军

第6章　武装党卫军第2装甲团第8连行动日志

自行炸毁，全连保有虎式坦克数量降至17辆。

1943年9月20日：第8连当日可用兵力为7辆虎式坦克。

1943年9月22日：第8连编入舒尔策战斗群（Kampfgruppe Schulze），与"元首"团第2营一起在波尔塔瓦至萨布罗德基（Sabrodki）的公路附近集结。该连奉命掩护全师向K防线撤退，行军至科瑟尔齐齐纳（Koselschtschina）东南的休整区，在随后数天里忙于进行紧急维修，但党卫军第2装甲团仍留在前沿，"帝国"师其余部队陆续转移，参加对格列别尼桥头堡（Grebeni Bridgehead）的进攻行动。

1943年9月30日：第8连没有坦克具备作战能力。

1943年10月5日：第8连依旧没有可以作战的坦克。

1943年10月20日：第8连当日可用兵力为4辆虎式坦克，在基洛夫格勒登车，由铁路前往兹纳缅卡（Znamenka）和博布鲁斯克（Bobruisk），后在皮基（Pji）扎营。

1943年10月中旬：由于连长马茨克中尉负伤，由滕斯费尔德中尉接替指挥全连。

1943年10月29日：第8连奉命支援第80掷弹兵团进攻166.9高地，击毁4辆坦克和数门反坦克炮。

1943年10月30日：第8连的3辆虎式参加了对第聂伯河岸边103高地的快速反击，击毁4辆坦克和4门反坦克炮。当高地再度失守后，德军连续反击，击毁了5辆部署在防御工事内的苏军坦克和自行火炮，1辆虎式坦克全损，第8连保有坦克数量降至16辆。

1943年10月31日：第8连可以作战的虎式坦克数量是3辆。

1943年11月1日：索雷茨军士长的S11号虎式坦克在当天取得了"帝国"师的第2000个击毁坦克战果，当日第8连可用兵力为10辆虎式坦克。

1943年11月5日：第8连白天在防御阵地上，夜间行军至博布鲁斯克的兵站。

1943年11月6日：第8连在夜间在莫诺夫卡（Mnowka）登上火车，从博布鲁斯克出发途经瓦尔德斯拉夫卡（Wladislawka）和拉基特诺（Rakitno），调往基辅西南80公里处的布热亚－泽尔卡瓦（Bjeiaja-Zerkwa）。

1943年11月7日：第8连当日有6辆虎式坦克可以作战，它们在格列别尼基（Grebeniki）以北5公里处通往基辅的公路上击毁了6辆T-34，党卫军中尉卡尔斯指挥了这次战斗，他刚刚接替了受伤的党卫军上尉佩奇（Paetsch）。1辆虎式坦克在进行接敌运动时发生自燃而焚毁，全连保有虎式坦克数量降至15辆。当天下午，第8连在格列别尼基以南至少击毁了4辆坦克。

1943年11月8日：6辆虎式被其他3辆坦克替换，前往格列别尼基担任预备队，在随后几天里执行掩护任务，击退了苏军的数次进攻。

1943年11月10日：第8连当日可用兵力为5辆虎式坦克。

1943年11月11日：第8连在斯拉维亚（Slavia）以东击毁了12辆坦克。

1943年11月12日：当晚午夜刚过，德军沿着由布吉拉亚（Bjelaja）、泽尔科夫（Zerkow）至法斯托夫的铁路线发起进攻，并重新建立了防线，与第25装甲师取得了联系。随后返回斯拉维亚，在凌晨3时补充了油料弹药，一小时后又接到战斗警报，被调往格列别尼基附近前线，肃清了突破德军战线的苏军部队，击毁了3辆坦克。

1943年11月13日：党卫军列兵斯凯尔宾茨（Skerbinz）指挥的S12号虎式坦克击毁了5辆T-34和1辆T-60，他是一位被降衔的候补军官，依然担任着排长职务。

1943年11月16日：第8连连长滕斯费尔德中尉阵亡，两天后卡尔斯中尉再次出任连长。随后几天里，该连被调去参加对别尔季谢夫（Berditschew）的反击，进而向基辅方向推进，日托米尔（Shitornir）失而复得，但全连有3辆虎式彻底损毁，保有坦克数量降至12辆。

1943年11月21日：第8连可用兵力为7辆虎式坦克。

1943年11月22日：第8连沿公路行军70公里，抵达科恩托恩—斯科奇施舍（Korntn-Skotschischlsche）。

1943年11月23日：全连于凌晨3时登上火车，由铁路返回日托米尔。

1943年11月24日：第8连在日托米尔以北集结，在中午之后沿公路行军70公里抵达科罗斯坚—拉多米希尔（Korosten-Radomichl）地区。

1943年11月25日：第8连于拂晓5时抵达前线并发起反击，在黎明之后击退了苏军在坦克支援下的逆袭。

1943年11月26日：1辆发生故障的虎式坦克使用未经校准的瞄准镜向3辆T-34车进行了徒劳的射击。当日，第8连可用兵力为2辆虎式坦克。

1943年11月27日：第8连击退了苏军的一次步兵进攻，在随后几天里继续防御苏军的零星攻击，取得了一些击杀战果。

1943年11月30日：第8连当日可用兵力为3辆虎式坦克，1辆坦克在行动中全损，该连保有坦克数量降至11辆。

1943年12月1日：第8连当日可用兵力为3辆虎式坦克。

1943年12月2日：第8连的一辆虎式坦克单车支援一次反击行动，击退了苏军步兵的强力突击，在被一门反坦克炮多次击中后，这辆虎式坦克被迫撤退。

1943年12月6日：第8连被配属于第2伞兵师，在加博罗夫集结后，由党卫

第6章　武装党卫军第2装甲团第8连行动日志

军上士鲍曼（Baumann）指挥的6辆虎式与一个装甲战斗群一道部署在拉多米希尔（Radomichl）附近公路的东侧，它们向舒莫瓦（Schumowa）附近高地以西的林地发起攻击，击毁6门反坦克炮。由于步兵未能跟进，坦克群结成环形防线坚守至夜间撤回。

1943年12月7日：虎式坦克群向别列齐（Beresizy）发动进攻，因为与步兵失去联系，攻击被迫停止，坦克撤回出击阵地，击毁了数个碉堡和6门反坦克炮，S04号虎式数次中弹后无法移动，被苏军缴获。当天夜间，鲍曼上士和艾希勒（Eichler）下士的虎式坦克发起反击，夺回了这辆坦克。当天，第8连可用兵力为4辆虎式坦克。

1943年12月8日：第8连的2辆虎式坦克在数辆"黑豹"和Ⅳ号坦克的支援下，向拉多米希尔公路右侧展开攻击，夺取了153高地，击毁1门反坦克炮，1辆虎式触雷。对拉多米希尔的进攻计划暂缓，全连折回集结地域，仅有1辆虎式可以作战。

1943年12月9日：第8连的5辆虎式在一个Ⅳ号坦克连的配合下进攻拉多米希尔，在从集结地开进途中，3辆虎式发生故障，但仍能及时修复并加入战斗。这支装甲部队闯入一片有苏军驻守的树林，攻势陷入停滞，2辆虎式的履带脱落，其中1辆在次日上午修复，依靠自身动力返回后方，另一辆在德军撤退时由其他车辆拖回。

1943年12月10日：第8连可用的虎式坦克数量为3辆，1辆在战斗中全损，全连保有坦克数量降至10辆。

1943年12月11日：第8连当日可用兵力为3辆虎式坦克，该连奉命行军至基辅—日托米尔公路南面，1辆虎式因自燃焚毁，全连保有坦克数量降至9辆。

1943年12月15日："帝国"师准备调往法国进行重整，但一个包括虎式坦克在内的战斗群将留在东线。

1943年12月16日：第8连抵达日托米尔，5辆虎式协同一个伞兵连对当地机场实施了进攻。

1943年12月17日：党卫军"帝国"师装甲战斗群组建，由师作战处长党卫军中校佐默（Sommer）指挥，下辖党卫军第2装甲团的残余力量，编成两个装甲连，其中包括由克洛斯科夫斯基中尉指挥的5辆虎式，这个战斗群还有4辆"黑豹"和6辆Ⅳ号坦克。"帝国"师主力于1943年12月陆续乘火车前往法国。

1943年12月19日：党卫军少尉特格特霍夫（Tegethoff）指挥4辆虎式在耶莱尼希（Jelnich）附近击毁1门反坦克炮。

1943年12月20日：第8连可以作战的虎式坦克数量为4辆，1辆坦克彻底损毁，1辆后送大修，全连保有坦克数量降至7辆。

1943年12月21日：第8连当日可用兵力为4辆虎式。数辆苏军坦克进攻普雷德穆河（Predm River）沿岸，虎式坦克在鲁德瑙亚（Rudnaja）的右翼阵地上击退了苏军的进攻，次日战况没有变化。

1943年12月23日：第8连的5辆虎式击毁了3门反坦克炮，在通往鲁德瑙亚的公路上击退了苏军步兵的两次攻击，进而占领了这处村镇。

1943年12月24日：苏军的进攻步伐放缓，第8连在拉多米希尔附近执行防御任务，能够作战的坦克数量是4辆。由于温度太低，坦克发动机无法启动，只能人工发动。截至此时，"帝国"师装甲战斗群已经击毁了60辆坦克。在撤退过程中，一辆虎式触雷抛锚，另一辆则陷在弹坑内无法回收，最后双双损失，全连保有坦克数量降至5辆。

1943年12月25日：第8连最后5辆虎式利用工兵搭建的便桥渡过捷捷列夫河，但在撤退途中因为故障或缺乏油料而丢弃了3辆，剩下2辆也被送往后方大修，至此第8连失去了所有的虎式坦克。

1943年12月29日：由特格特霍夫少尉指挥的一支分队前往布尔格（Burg）接收新坦克。

1944年1月2日：第8连的坦克兵接到警报，取消休假返回施佩托夫卡（Schepetowka）的集结地。

1944年1月5日：已经损失了所有坦克的战斗群经旧康斯坦丁诺夫前往普罗斯库罗夫（Proskurow），在那里接收新坦克。

1944年1月22日：第8连的数个坦克车组前往普罗斯库罗夫，预计新坦克即将运抵。

1944年1月31日：第8连抵达旧康斯坦丁诺夫东北的新营地。

1944年2月10日：5辆新的虎式运抵普罗斯库罗夫，交付第8连。

1944年2月11日：第8连携带新装备抵达集结地域。

1944年2月12日：第8连的2辆虎式行军60公里到达战线北部，但没有遭遇战斗，又于午夜返回驻地。

1944年2月14日：特格特霍夫少尉奉命指挥5辆虎式前往斯卢奇河（Slutsch River）沿岸柳巴（Liubar）附近第19装甲师的防区，在那里担任师预备队。

1944年2月20日：第8连可以作战的坦克数量是4辆，1辆虎式的主动轮损坏。

1944年2月27日：第8连将阵地移交第19装甲师，于夜间行80公里返回施佩托夫卡西南地区。

1944年2月29日：第8连的全部5辆虎式坦克都可投入战斗。

第6章　武装党卫军第2装甲团第8连行动日志

1944年3月1日：第8连在谢苗杰林齐（Semjelintzy）以东集结。

1944年3月2日：对霍里桥头堡（Horyn Bridgehead）的反击被苏军阻止，2辆出现故障的虎式坦克被回收，后送维修。

1944年3月3日：第8连的3辆虎式和11辆Ⅳ号坦克部署在谢苗杰林齐火车站两侧，在那里击退了苏军步兵的大举进攻，在谢苗杰林齐以西击毁了苏军28辆坦克，但是它们因无法渡过霍里河而撤退。党卫军候补军官冯·艾恩博克（von Einböck）的虎式坦克陷在一片泥沼中，只能弃车，由友军开炮击毁。特格特霍夫少尉的虎式被反坦克炮击毁，驾驶员和无线电员阵亡，另一辆虎式搭载幸存的车组成员撤退，但他们不幸全部中弹身亡。最后一辆虎式也运气不佳，遭到重炮轰击，引擎起火，虽然成功扑灭，但炮塔又被击穿，打断了装填手的左手。这辆虎式在渡过霍里河南面的一条小溪时引擎再次起火，被迫弃车。车组成员徒步穿过封冻的河面试图逃跑，但没跑出多远就被苏军追上，遭到枪击身亡。第8连的残余人员与谢苗杰林齐以东的友军部队建立联系，在傍晚时分返回旧康斯坦丁诺夫，全连还剩2辆虎式。

1944年3月4日：第8连经马特伦基（Matrunki）行军至普罗斯库罗夫，幸存的坦克车组将前往法国与师主力会合。

1944年3月8日："帝国"师留在东线的残余部队被集中整编为党卫军"帝国"团级战斗群，最后一批坦克被整合为一个混成装甲连，混编有虎式、"黑豹"、Ⅳ号坦克以及突击炮。

1944年3月13日：第8连的最后两辆虎式坦克01号和02号从维修厂返回，抵达阿卡迪耶夫（Arkadijew），在一次持续两个小时的战斗中，摧毁了村庄北面的一处反坦克炮阵地，击毁9门炮，随后又击退了苏军步兵的反扑。01号坦克在耗尽弹药后被一枚穿甲弹击穿，被迫撤退，02号坦克继续坚守阵地，击毁2辆T-34，后来又斩获1辆KV-85。

1944年3月16日：2辆虎式沿公路向南开进。

1944年3月18日：第8连残部经卡梅内茨（Kamenez）和波多尔斯克（Podolsk）撤退。

1944年3月20日：01号虎式修复后前往巴尔（Bar）。

1944年3月21日：根据当地驻军指挥官嫩蒂格少将（Nentig）的命令，01号虎式坦克和5辆"黑豹"留在普罗斯库罗夫，加强防御力量。02号虎式坦克在经过雅尔蒙林茨（Jarmolinzy）以东的辛克夫桥（Sinkoff Bridge）时不慎坠桥。

1944年3月24日：第8连经普热梅希尔（Przemysl）撤退，01号虎式在普罗斯库罗夫被炸毁，该连仅剩1辆虎式。

1944年3月25日：德军被迫将除了1辆Ⅳ号和02号虎式之外的所有坦克在巴尔

炸毁，残余德军经达舍科夫（Daschkowzie）徒步抵达翁科夫采（Wonkowzie）。

1944年3月26日：德军继续沿辛克夫泽（Sinkowze）至施特里科夫泽（Strichkowze）的道路撤退，02号虎式也被迫炸掉。

1944年3月27日："帝国"师战斗群残部经戈尔奇奇那亚（Gortschitschnaja）、鲁达（Ruda）抵达伊万科夫齐（Iwankowzy），与第101猎兵师建立了联系。在随后几天里继续撤退，最终在4月14日接到了乘火车前往法国的命令。

1944年4月19日：第8连残部抵达巴黎，接着又转往波尔多（Bordeaux）和蒙托邦（Montauban），官兵们被允许短期探亲休假。

1944年4月27日：第8连官兵前往荷兰阿姆斯特丹（Amsterdam），然后进驻兹沃勒（Zwolle）进行训练，在那里加入党卫军第102重装甲营。

战果统计

党卫军第2装甲团第8连自1943年初赴东线参战至1944年3月撤往法国期间，总计击毁了超过250辆坦克和自行火炮，自身损失31辆坦克。

党卫军第2装甲团第8连历任指挥官

党卫军上尉格雷德尔（1942年11月至1943年2月8日，阵亡）

党卫军上尉库尔曼（1943年2月8日至2月17日，调任）

党卫军上尉赫尔齐希（1943年2月17日至3月29日，解职）

党卫军上尉齐默尔曼（1943年4月10日至7月11日，负伤）

党卫军上尉洛伦茨（1943年7月11日，阵亡）

党卫军中尉泰斯（1943年7月11日至7月15日，阵亡）

党卫军中尉赖宁豪斯（1943年7月15日至8月15日，代理）

党卫军中尉马茨克（1943年8月15日至10月，负伤）

党卫军中尉滕斯费尔德（1943年10月至11月16日，阵亡）

党卫军中尉卡尔斯（1943年11月16日至12月）

第6章 武装党卫军第2装甲团第8连行动日志

党卫军第2装甲团第8连虎I/虎II坦克接收及保有数量统计表

接收日期	虎I坦克	虎II坦克	保有数量	备注
1942.12	2	–	2	
1943.1	8	–	10	另有12辆III号J型
1943.2	1	–	10	
1943.5	6	–	14	1辆由党卫军第2装甲军移交
1943.7.27	9	–	22	由"警卫旗队"师移交
1944.2.10	5	–	5	
总计	31	0		

党卫军第2装甲团第8连虎I/虎II坦克损失情况统计表

损失日期	损失数量	保有数量	备注
1943.2.11	1	9	遗弃
1943.3.1	1	9	自燃
1943.3.22	1	8	被击毁
1943.7.11	1	13	被击毁
1943.8.19–21	3	19	被击毁
1943.9.28	2	17	被己方乘员摧毁
1943.10.30	1	16	被击毁
1943.11.7	1	15	自燃
1943.11	4	11	被击毁
1943.12	1	10	被击毁
1943.12.11	1	9	自燃
1943.12	3	6	后送维修
1943.12	6	0	被己方乘员摧毁
1944.3.3	3	2	1辆自毁、1辆被击毁、1辆被缴获
1944.3.24	1	1	被己方乘员摧毁
1944.3.26	1	0	被己方乘员摧毁
总计	31		战损49%,自毁32%,其他原因损失19%

党卫军第 2 装甲团第 8 连编制序列（1942 年 11 月）

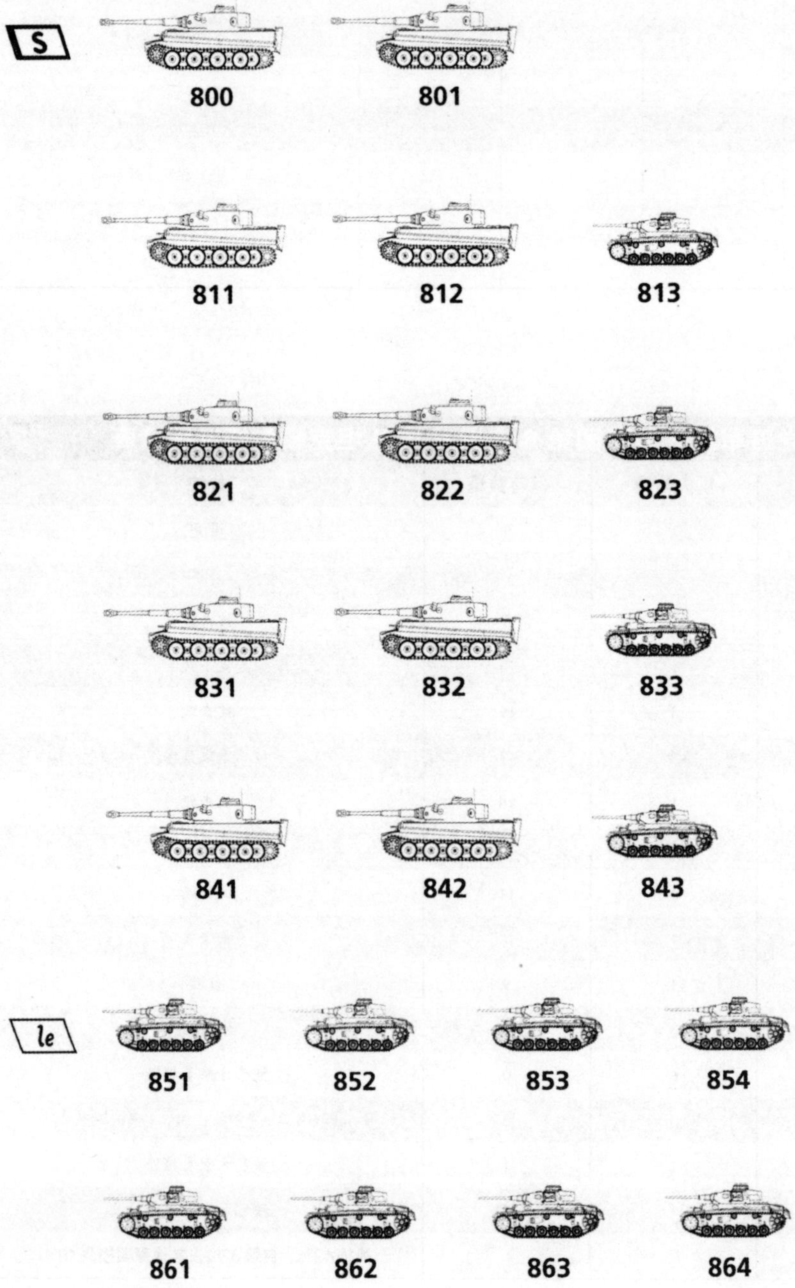

S
800　801

811　812　813

821　822　823

831　832　833

841　842　843

le
851　852　853　854

861　862　863　864

第6章　武装党卫军第2装甲团第8连行动日志

党卫军第2装甲团第8连编制序列（1943年7月）

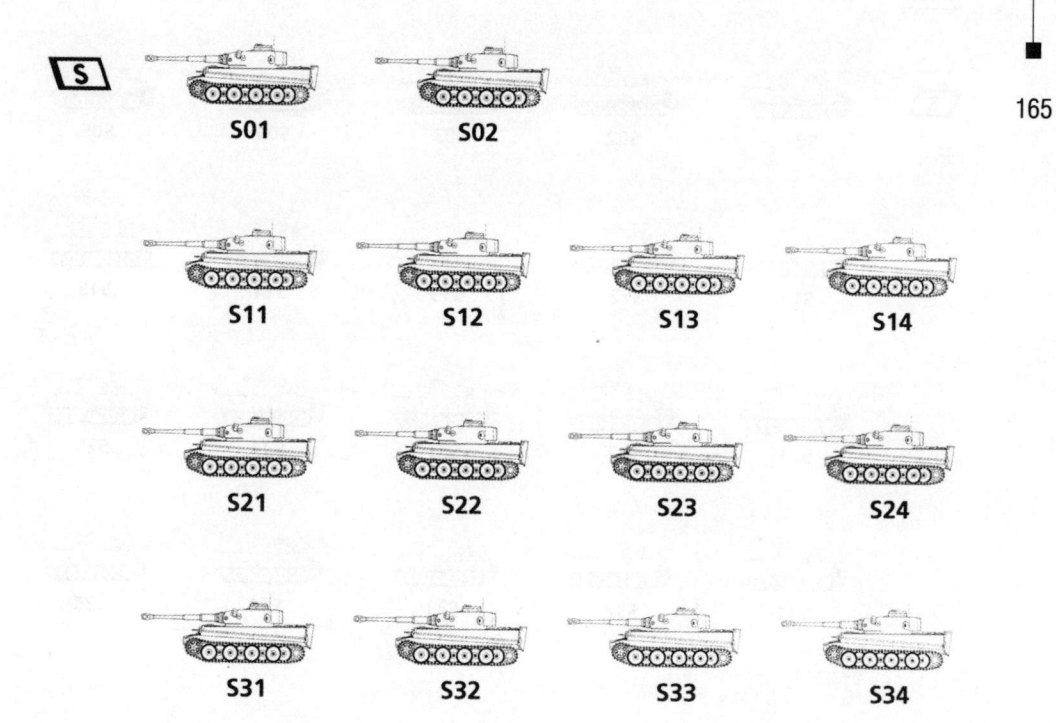

S

S01　S02

S11　S12　S13　S14

S21　S22　S23　S24

S31　S32　S33　S34

党卫军第2装甲团第8连编制序列（1943年8月）

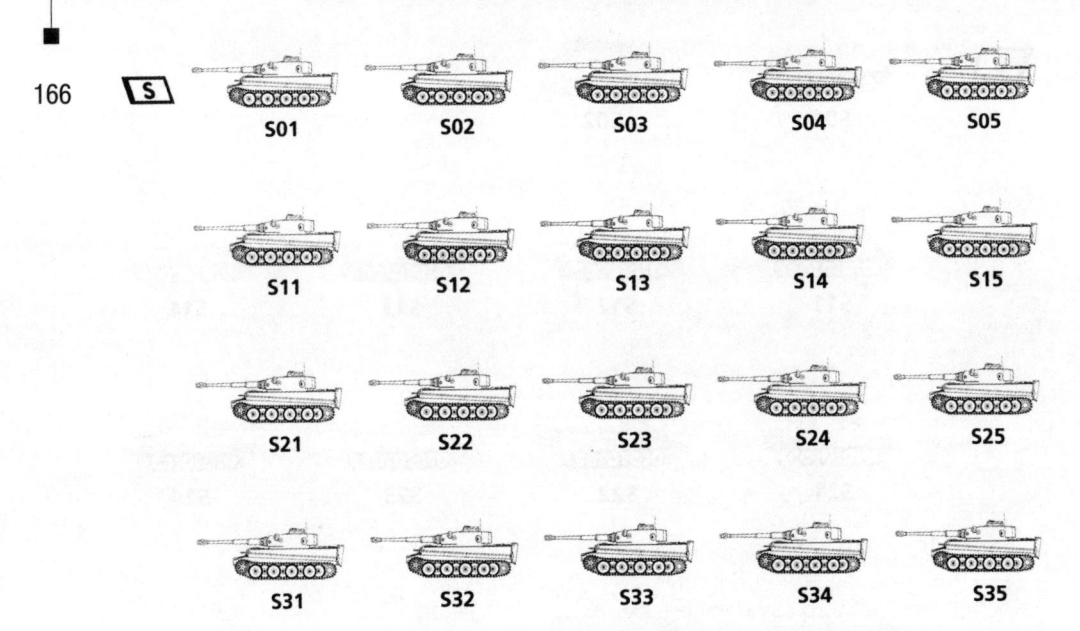

S01	S02	S03	S04	S05
S11	S12	S13	S14	S15
S21	S22	S23	S24	S25
S31	S32	S33	S34	S35

第 6 章　武装党卫军第 2 装甲团第 8 连行动日志

※ 右图　1943年2月间，"帝国"师所属的党卫军第2装甲团第8连的虎式坦克抵达哈尔科夫前线，并立即加入防御作战中，图为该连的811号坦克掩护一支运输车队前往战区。

※ 右图　与其他早期组建的重装甲部队一样，党卫军第2装甲团第8连起初也混编了Ⅲ号坦克。图中就是一辆该连所属的Ⅲ号J型坦克，摄于1942年2月哈尔科夫前线，车体已经喷涂了白色伪装。

※ 下图　党卫军第2装甲团第8连的822号虎式坦克，摄于1942年2月中旬刚到达哈尔科夫之际，尚未更换履带，车体上堆放的油桶、油管和炮弹表明这辆坦克正在补充油料和弹药，注意车体尾部涂绘的"帝国"师师徽。

虎式坦克 全景战史

※ 上图 党卫军第2装甲团第8连轻型排的864号Ⅲ号坦克，摄于1943年2月中旬"帝国"师撤离哈尔科夫时。

※ 上图 1943年2月哈尔科夫前线还非常寒冷，这几个哥们坐在第8连的虎式坦克引擎盖上是不是想暖和一下？这辆虎式尚未安装排气管护罩。

※ 上图 由于路面结冰，路况恶劣，第8连在抵达前线的第一周就遭遇了不少行驶事故。图中就是一辆不慎倾覆的Ⅲ号坦克，成员已从车底的舱门撤离。

※ 上图 党卫军第2装甲团第8连从哈尔科夫撤离后在波尔塔瓦重新集结，为反击作战进行准备，图为该连832号虎式坦克在波尔塔瓦进行维修保养。

第6章 武装党卫军第2装甲团第8连行动日志

※ 本页组图 这两幅照片均拍摄于1943年2月下旬,反映了党卫军第2装甲团第8连的832号虎式坦克在波尔塔瓦休整期间,车组成员对坦克上的设备进行维护保养的情形。从照片上看车组的每位成员都很忙碌,认真细致地擦拭零部件。

虎式坦克 全景战史

※ 上图及下图　1943年3月初，党卫军第2装甲团第8连随同其他德军部队发起哈尔科夫反击作战。上图为第8连的虎式坦克在一次进攻行动前在一座小村庄内集结，距离镜头最近的821号虎式坦克是该连第2排排长泰斯少尉的座车；下图是在进攻期间，一辆虎式坦克渡过一条小溪向苏军阵地逼近，看起来河水并不算深。

第6章 武装党卫军第2装甲团第8连行动日志

※ 右图 属于党卫军第2装甲团第8连维修排的一辆机动吊车，摄于1943年3月初哈尔科夫以南的瓦尔基村，车前的两位德军士兵看起来很轻松，其中一位还抱着一头小猪，不知是当作宠物，还是晚餐。

※ 右图 属于党卫军第2装甲团第8连侦察排的一辆半履带装甲车，同样摄于1943年3月初的瓦尔基村，与连内的其他战斗车辆一样，这辆装甲车也全身涂以白色伪装，车身侧面隐约可以看到铁十字标志。

※ 右图 1943年3月12日，"帝国"师开始反击行动，图为党卫军第2装甲团第8连的812号虎式坦克向进攻地域开进。

虎式坦克 全景战史

※ 上图　摄于1943年3月12日"帝国"师发起进攻期间，反映了党卫军第2装甲团第8连的坦克群接近苏军第一道防线时的戒备状态。从照片中可以看到，处于领先位置的812号虎式坦克将炮塔转向较为暴露的左翼，掩护装甲防护相对薄弱的Ⅲ号坦克跟进。

※ 下图　同样摄于哈尔科夫反击作战期间，党卫军第2装甲团第8连的822号坦克在开进途中似乎发生了故障，正准备由3辆18吨牵引车拖曳。值得注意的是照片左侧那辆牵引车的尾部写有"距离30米"的字样，以提醒后方车辆保持车距。从照片观察，当时道路上的冰雪已经开始融化，路面相当湿滑。

第 6 章　武装党卫军第 2 装甲团第 8 连行动日志

※ 上图　在哈尔科夫反击行动中，几名德军士兵在查看一辆虎式坦克的残骸。这辆坦克是党卫军第 2 装甲团第 8 连在 2 月间撤退时被迫遗弃的，也是该连在东线战场上最初损失的坦克，现在失而复得，有可能回收并加以修复。

※ 下图　在哈尔科夫反击作战取得胜利后，党卫军第 2 装甲团第 8 连得到了一段时间的休整，该连官兵利用这段时间对虎式坦克进行了重新涂装，包括车身的白色伪装、炮塔编号和铁十字国籍标志。图为重新喷涂后的 801 号连长座车，后方还能看到第 4 排的 841 号坦克，它们都停在一座车棚内。

虎式坦克 全景战史

※ 左图 在战斗胜利后少不了要论功行赏，图为第8连的一位获得二级铁十字勋章的士兵与两位战友一起在粉刷一新的坦克前留影，胸前佩戴着闪亮的勋章。

※ 左图 党卫军第2装甲团第8连的席恩霍芬少尉和埃贝林少尉从轻型排所属的854号Ⅲ号坦克炮塔内探出身子，笑对镜头，洋溢着胜利者的愉悦。

※ 左图 1943年3月17日，党卫军第2装甲团第8连又投入对别尔哥罗德的进攻。图为该连的821号虎式坦克在监视一片开阔的雪原，随时准备击毁出现在射界内的苏军目标。

第6章 武装党卫军第2装甲团第8连行动日志

※ 右图 在哈尔科夫休整期间，党卫军第2装甲团第8连的官兵们将虎式坦克的白色冬季伪装去除，在灰色底色上涂以橄榄黄色条纹，构成一种特别的迷彩图案，正如这幅照片中的833号坦克。值得注意的是车体前部的Tiki字样，是德语"老虎"一词的昵称，这一标志也出现在同时期该连的其他坦克上。

※ 下图 1943年3月底，党卫军第2装甲团第8连返回哈尔科夫休整，在享受胜利喜悦的同时也要悼念牺牲的战友。下图是851号III号坦克的车组成员在座车前哀悼在3月14日阵亡的车长瓦尔特·特斯曼，他们将车长的名字和阵亡时间写在炮塔侧面，以这种方式寄托哀思。

虎式坦克 全景战史

176

※ 上图　1943年4月20日，正值希特勒生日，党卫军第2装甲团举行授勋仪式，嘉奖在哈尔科夫战役中表现出色的有功官兵。图为"帝国"师师长克吕格尔将军站在一辆有Tiki标志的虎式坦克上向官兵们发表讲话，背景中是一辆防空排的四联装20毫米自行高炮，似乎正在进行对空警戒。

※ 下图　在1943年4月20日的授勋仪式上，席恩霍芬少尉（中间戴大檐帽者）与其他军官和军士在812号虎式坦克前合影留念，他们当中有多人获得了一级铁十字勋章，还有一位哥们头缠绷带参加仪式；令人注意的是，在照片左侧有一位陆军军官也和党卫军战友们站在一起。

第6章　武装党卫军第2装甲团第8连行动日志

※ 上图及下图　1943年4月20日，党卫军第2装甲团第8连被重新部署在哈尔科夫以西8公里的佩列谢维奇纳亚村，这两幅罕见的航拍照片展示了该连抵达村庄后的情况。在上图中一辆虎式坦克和一辆Ⅲ号在村内街道上徘徊，下图中一辆虎式驶离公路，在一栋农舍旁寻找隐蔽位置，而另一辆虎式则停留在路旁的开阔地上。

虎式坦克 全景战史

※ 左图 1943年5月初，一列运载6辆虎式坦克的军列在布列斯特至戈梅利之间因铁路遭到破坏而脱轨倾覆，左图及下页的照片即为事故现场。左图中一名党卫军士兵在毁坏的列车旁边警戒，背景中有一辆侧翻的虎式坦克，这批坦克准备补充党卫军第2装甲团第8连。

※ 下图 1943年5月间，党卫军第2装甲团第8连在哈尔科夫地区休整期间，一辆虎式坦克的车组成员在进行炮膛清洗工作，注意车体正面左上角绘有"帝国"师师徽。

第6章 武装党卫军第2装甲团第8连行动日志

※ 本页组图 1943年5月初德军军列脱轨事故现场照片，可见有多节车厢侧翻脱轨，火车车头也遭到破坏，至少有一辆虎式坦克从货车上坠落，所幸并未造成无法修复的损伤，所有6辆虎式坦克最后都运达党卫军第2装甲团第8连驻地，只是由于事故拖延，比预计时间推迟抵达。事后查明此次事故的原因是游击队在铁轨上埋设地雷所致。

虎式坦克 全景战史

※ 上图　1943年5月间，党卫军第2装甲团第8连的几名坦克兵在检视新交付的一辆虎式坦克，这辆坦克被涂以橄榄黄底色，但尚未涂绘编号和标志，在炮塔侧面加挂了备用履带。在照片中有两名陆军军官也在场，可能是友邻部队前来观摩的人员。

※ 下图　1943年5月间，党卫军第2装甲团第8连利用春季的有利气候条件和休整时期，抓紧时间进行训练，图为该连823号虎式坦克在野外进行训练。

第 6 章　武装党卫军第 2 装甲团第 8 连行动日志

※ 上图　拍摄于1943年5月1日党卫军第2装甲团第8连在野外驻训期间，连部所属802号虎式坦克的车组成员对座车进行了出色的伪装，并在坦克前合影留念，看来对自己的杰作非常满意，比较特别的是所有人都身穿着迷彩罩衫。

※ 右图　1943年5月初，党卫队领袖海因里希·希姆莱大驾光临，视察了哈尔科夫的党卫军部队，并参观了党卫军第2装甲团第8连的虎式坦克。图为希姆莱在该连823号虎式坦克的指挥塔上拍照留念，从指挥塔的外形看这是一辆初期型坦克；最令人感兴趣的是，823号坦克原先的编号是832号，新的编号是用模板喷涂的，而旧编号仍旧清晰可见。

虎式坦克 全景战史

※ 上图及下图　对于党卫军部队而言，希姆莱是仅次于元首的最高领袖，因此第8连及"帝国"师上下对于他的到访自然不敢怠慢，安排了精彩的展示活动，而虎式坦克是当仁不让的主角。上图是823号坦克为希姆莱进行炮术演示，下图是希姆莱在指挥塔上听取部下介绍虎式坦克的性能，并由摄影队现场拍摄，照片中背对镜头，背着一只皮箱的人就是摄影师，其他几名军官可能是希姆莱的副官或记者。

第6章　武装党卫军第2装甲团第8连行动日志

※ 上图及下图　向全国领袖献礼系列节目的最高潮是由党卫军第2装甲团第8连组织实施的一次小型野战演习，上图是演习现场拍摄的航空照片，可以清晰地看到在村落一角的开阔地上，数辆虎式已经按照进攻队形展开，准备实施模拟突击。下图是演习过程中，三辆虎式坦克以三角形队形相互掩护，穿过一片小树林，向"目标"发起攻击，希姆莱看到这个场面一定是兴奋异常！

虎式坦克 全景战史

※ 上图及下图　也是在希姆莱视察期间拍摄的，上图显示了在希姆莱乘坐的虎式坦克周围聚集了很多人，其中有些是随从或"帝国"师的陪同人员，当然更多的是看热闹的"围观群众"。下面这幅照片则拍下了令人尴尬的一幕，一辆虎式坦克在演习期间掉了链子，在进行一次急转向后履带脱落，车组成员只好临时为希姆莱加了一场现场修理履带的戏码，在坦克后方转向的履带痕迹还十分清晰。

第6章 武装党卫军第2装甲团第8连行动日志

※ 上图及下图 在1943年5月间,党卫军第2装甲团第8连除了迎接希姆莱的视察外,主要忙于为即将开始的"堡垒"行动做准备。上图是该连重新喷涂了伪装迷彩的虎式坦克和Ⅲ号坦克,但尚未涂绘新的车辆编号,在随后的整编中,Ⅲ号坦克被撤编;下图是虎式坦克的车组成员在清洗主炮炮管,从这两幅照片中可以看到当时第8连不少虎式坦克仍装备着空气滤清器。

虎式坦克 全景战史

※ 本页组图 大战在即，战前准备万万不能马虎，这两幅图片即拍摄于党卫军第2装甲团第8连备战"堡垒"行动期间，左图中虎式坦克的车组成员在为坦克补充88毫米炮弹，注意炮塔侧面的备用履带板插销还没插好。下图是一名车组成员在修理坦克的外侧负重轮。

第6章　武装党卫军第2装甲团第8连行动日志

※ 上图及下图　在"堡垒"行动前夕，党卫军第2装甲团第8连进行了整编，撤编了全部Ⅲ号坦克，下辖各排都充实了足额的虎式坦克，成为一个名符其实的重坦克连，同时还启用了新的编号系统，各车均以代表重型坦克的字母S加两位数字为新编号。本页的两幅照片均拍摄于第8连的虎式坦克在战前校准火炮时，可见所有车辆都喷涂了新的迷彩和编号标志。

虎式坦克 全景战史

※ 本页组图 1943年7月5日，德军发动"堡垒"行动，向库尔斯克突出部的苏军部队展开大规模进攻，"帝国"师作为德军南线攻击集群的主力投入战斗，而党卫军第2装甲团第8连的虎式坦克更是充当了进攻的尖刀。与同期参战的其他部队的虎式坦克单位不同，第8连在库尔斯克战役期间留下了大量影像资料，本页及后续数页的照片都是在战斗现场拍摄的，非常珍贵。本页的两幅照片拍摄于进攻发起阶段，左图是两辆虎式坦克向前沿地带开进，并将卐字旗在炮塔顶部铺开，防止被执行近距支援任务的己方飞机误击。下图是德军步兵展开散兵线，伴随虎式坦克向苏军前沿阵地接近。

第6章 武装党卫军第2装甲团第8连行动日志

※右图 第8连的2辆虎式坦克向进攻出发地域开进，与它们同行的是一辆满载步兵的III号突击炮。

※右中图 伴随虎式坦克行动的德军步兵，即使甲坚炮利的虎式坦克一旦失去了步兵的支援也将陷入十分危险的境地。

※下图 在"堡垒"行动期间，党卫军第2装甲团第8连的S33号虎式坦克与第23装甲师的一辆SiG33型150毫米自行步兵炮相遇。

虎式坦克 全景战史

※ 左图 在破坏了苏军第一道铁丝网障碍带后，第8连的虎式坦克掩护步兵向苏军阵地前进。

※ 左图 在战斗间歇，伴随坦克作战的步兵与坦克车组短暂碰头，协调行动，旁边还有一辆轻型装甲车，可能来自侦察部队。

※ 左图 德军坦克群在深入苏军防御地带后，遭到猛烈炮击，包括大口径远程火炮和迫击炮，照片中一枚炮弹在虎式坦克附近爆炸，一股高大的烟柱升腾而起。

第6章 武装党卫军第2装甲团第8连行动日志

※ 右图 苏德两军相互炮击，在战场上造成了漫天的烟幕，使虎式坦克的视野受到极大限制，难以看清前方的苏军阵地情况。

※ 右图 第8连的三辆虎式坦克以散开队形，保持距离，交替掩护，向苏军阵地稳步推进。

※ 右图 在遭遇苏军阻拦火力后，一辆虎式坦克将炮塔指向炮弹来袭方向，准备实施压制射击，掩护另一辆坦克跟进。

虎式坦克 全景战史

※ 左图 担任掩护任务的虎式坦克开始向暴露的苏军火力点实施连续射击。

※ 左图 战斗中虎式坦克的近距离特写,受到烟尘和震动的影响,影像很模糊,但能够辨认出后挡泥板上的"帝国"师师徽。

※ 左图 在进攻行动中,虎式坦克通常采取短停射击的方式,这辆虎式坦克边走边打,不断转移射击目标,可见其炮塔已转向右侧正横位置。

第6章 武装党卫军第2装甲团第8连行动日志

※ 右图 在虎式坦克的火力掩护下，德军其他进攻部队继续前进，在进攻中，虎式坦克凭借坚固的装甲和犀利的火炮充当着盾牌加尖刀的双重角色。

※ 右图 在正面敌军的抵抗火力减弱后，第8连S21号虎式坦克的车长从指挥塔上探出身子，观察战场情况，而在战斗的高潮阶段，这样做是极端危险的。

※ 右图 在战斗告一段落后，两辆虎式坦克停靠在一起，车组成员略作休息，同时交流一下之前战斗的情况，另一辆虎式在一旁警戒。

虎式坦克 全景战史

※ 左图 由于战场能见度较差，一架"鹳"式侦察机前来支援，从空中为虎式坦克指示目标，通报敌情。

※ 左图 在空中支援下，虎式坦克准确命中了远距离的苏军目标，在那团黑烟之下可能是一辆燃烧的坦克，也可能是一门支离破碎的反坦克炮。

※ 左图 这幅照片记录了第8连的S31号虎式坦克在远距离摧毁一个苏军地堡的瞬间。

第6章 武装党卫军第2装甲团第8连行动日志

※ 上图 在战斗中,第8连S13号虎式坦克的车长从指挥塔探出头,向两名德军步兵发出指示,从装备看这两名步兵似乎是火焰喷射器手。值得注意的是,S13号坦克的炮塔侧面绘有一个小恶魔形象,而在车体侧面还挂着几顶钢盔。

※ 下图 库尔斯克地区的高强度战斗使虎式坦克的弹药消耗很快,图为S13号坦克的车组成员在战斗间隙补充炮弹,以保证后续作战的进行。

虎式坦克 全景战史

※ 上图　两名德军步兵扛着一根树干从第8连的S11号虎式坦克旁边经过，这根树干可能是用于帮助一辆虎式坦克越过障碍或脱离困境。

※ 下图　第8连的一辆虎式坦克在一处较高的地点监视开阔的战场，凭借88毫米炮的优良性能，它可以对任何出现在射界内的目标给予致命一击。在背景中可以看到德军步兵纵队正向远处的一座村庄前进，尚未消散的硝烟表明那里刚刚经历了激烈的战斗。

第6章 武装党卫军第2装甲团第8连行动日志

※ 右图 在突破苏军的一道防御阵地后，虎式坦克和德军步兵继续向纵深挺进，将一座燃烧的村庄抛在身后。

※ 下图 正在进攻的德军装甲编队，可见一辆搭载着步兵的半履带装甲车伴随虎式行动。

※ 上图 当德军飞机出现在战场上空时，虎式坦克要展开折叠在炮塔储物箱上的卐字旗，以表明身份，帮助己方飞机辨识敌我，免遭误击。

虎式坦克 全景战史

※ 左图 第8连的一个坦克车组在清理主炮,炮管的一道道击毁战果标志令他们笑逐颜开,在库尔斯克的坦克战中,诞生了一批新的坦克杀手。

※ 下图 在库尔斯克战役中,苏军地雷对虎式坦克造成了很大威胁,图中这辆属于第8连的虎式坦克就着了地雷的道,左侧主动轮被炸飞,在拖曳时车组成员只好将履带缩短,直接挂在负重轮上。

第6章　武装党卫军第2装甲团第8连行动日志

※ 上图及下图　党卫军第2装甲团第8连连部所属的S02号虎式坦克也在库尔斯克战役中成为了地雷的牺牲者，这辆坦克在"堡垒"行动开始的第一天就触雷受损，这两幅照片都拍摄于该车在原地等待救援期间。这样的遭遇令车组成员倍感郁闷，坐在坦克上面带愁容，百无聊赖。从照片中判断，S02号坦克是左侧中部履带触雷，爆炸摧毁了中间的负重轮和侧面的裙板，看来威力不小。S02号坦克的车尾还装有空气滤清器，但未安装排气管护罩。在下面这幅照片的一角居然还有两位俄国大婶在淡定地收割干草，似乎这场残酷的战争也没有打扰她们的日常生活。

虎式坦克 全景战史

※ 上图　1943年7月6日在后方维修厂接收修理的S02号虎式坦克，看起来不仅仅是触雷受损的左侧轮履需要修理，而是整个行走机构都要进行更换，炮塔已经被拆下，但储物箱还留在车体上。有一个细节值得注意，在照片背景中可见门式吊车也用植被进行了伪装。

※ 下图　这是党卫军第2装甲团第8连的S24号虎式坦克在1943年7月10日的一幅战地留影，车身上的弹痕弹孔比比皆是，连负重轮都犹如马蜂窝一般，不难看出这辆坦克在过去数日的战斗中遭遇了多么猛烈的炮火侵袭。

第6章　武装党卫军第2装甲团第8连行动日志

※ 上图及下图　在战斗中，皮糙肉厚的虎式坦克虽然不易被炮火击毁，但经常因各种原因丧失机动能力，需要由其他车辆拖曳脱离困境。上图是在库尔斯克战役期间，党卫军第2装甲团第8连的一辆虎式坦克将另一辆出现故障的虎式拖离火线，这种情况在战斗中时有发生。实际上德军为了避免造成更大的损失，通常禁止在战斗状态下由坦克相互拖曳，而常规做法是在条件允许的情况下由抢修分队的18吨牵引车进行拖曳，如下图所示，这一行动至少需要两辆牵引车，最好是出动三辆。

虎式坦克 全景战史

※ 本页组图 1943年7月底,"警卫旗队"师奉命调往意大利,该师所属党卫军第1装甲团第13连剩余的虎式坦克由"帝国"师和"髑髅"师接收分配,党卫军第2装甲团第8连获得了由"警卫旗队"师移交的9辆虎式坦克。左图的坦克就是其中一辆,摄于移交后不久,此时炮塔侧面还保留着原先的编号1334;下图则是数天后同一辆虎式及其新车组的合影,其编号已经变更为S22号,而车组成员们刚刚获得了一级和二级铁十字勋章。

第6章　武装党卫军第2装甲团第8连行动日志

※ 上两图　在"堡垒"行动后休整时期，第8连的一名士兵头戴迷彩作战帽，赤裸上身，坐在坦克上吃东西，这种闲暇时光对于在前线殊死搏杀的坦克兵来说显得极为珍贵。

※ 右图　在"堡垒"行动结束后，党卫军第2装甲团第8连仅仅获得了一周的休整时间，该连维修排利用短暂的喘息机会对连队的虎式坦克进行紧急维修，以迎接更为激烈的战斗。

虎式坦克 全景战史

204

※ 上图及下图　在"堡垒"行动之后，党卫军第2装甲团第8连经过短期休整，很快接到新的任务，随同"帝国"师主力前往米乌斯河前线，解救那里的危机。这两幅照片拍摄于调动途中的军列上，上图是一辆在之前战斗中火炮受损的虎式坦克，其主炮连同防盾都已经被拆除，尚需进一步修理；由于调动紧急，索性装车运走，待抵达新防区后再行修理。下图是由火车运输的门式吊车，属于维修排的装备。

第6章 武装党卫军第2装甲团第8连行动日志

※ 上图及下图 在库尔斯克战役初期触雷受损的第8连S02号虎式坦克后来重新投入战斗,遭受了更为严重的损伤,这两幅照片就是战役结束之后S02号的留影,比之前的状况更加糟糕,可谓遍体鳞伤;下图是车体受损部位的近距离特写,在车体和负重轮上都是弹痕斑驳,应该是反坦克枪或小口径反坦克炮造成的。

虎式坦克 全景战史

※ 上图 1943年秋季，"帝国"师在哈尔科夫地区进行防御作战，图中党卫军第2装甲团第8连的虎式坦克准备与来自友军部队的Ⅳ号坦克一道发起进攻，但是德军最终未能再现年初的胜利，永远丢失了哈尔科夫这座重要城市，开始了向西方的漫长撤退之路。

※ 左两图 1943年秋季从哈尔科夫地区撤退的"帝国"师车队，上图是在撤退途中发生故障，由其他车辆拖行的虎式坦克；下图是第8连维修排的车队，由于车辆短缺，德军将公共汽车也征用了，从照片中可以看到，秋雨使公路状况变得相当恶劣。

第6章　武装党卫军第2装甲团第8连行动日志

207

※ 上图及下图　拍摄于1943年秋季党卫军第2装甲团第8连西撤途中，上图是一位虎式坦克车组成员与一名骑着白马的党卫军骑兵热情握手，这是现代铁甲骑兵与古老骑兵的一次奇妙相遇；下图是撤退中虎式坦克的车组成员们再次发挥互助精神，由一辆坦克拖曳另一辆丧失行动能力的坦克。

虎式坦克 全景战史

208

※ 上图及下图　拖曳坦克毕竟不是虎式坦克的本职工作，通常情况下还是由18吨半履带牵引车负责拖曳故障坦克，这两幅照片反映了"帝国"师在西撤途中两辆牵引车拖曳虎式坦克的情景，在下图中还能看到一辆桶车。值得注意的是，无论是桶车还是牵引车，都在挡泥板上绘有"帝国"师师徽和重装甲连的战术符号。

第6章　武装党卫军第2装甲团第8连行动日志

※ 上图及下图　经过一路长途跋涉，"帝国"师终于撤到第聂伯河西岸，上图为两辆18吨牵引车拖曳一辆虎式坦克通过第聂伯河铁桥；下图是第8连的虎式坦克装上火车，继续向新的集结地域前进，由于运输距离不长，坦克没有更换履带，窄幅履带就铺放在坦克车底，车组成员面带倦色。

虎式坦克 全景战史

※ 左图 1943年10月下旬，党卫军第2装甲团第8连的虎式坦克乘火车前往兹纳缅卡，我们的老朋友S02号坦克又出现在镜头前，为了保证运输途中的安全，车组成员对坦克进行了妥善的固定。注意车尾绷紧的钢缆和履带下的木块，几条备用履带就堆在坦克车底。

※ 下图 1943年11月1日，由索雷茨军士长指挥的S11号虎式坦克创下了"帝国"师击毁第2000辆敌军坦克的纪录，图为负伤的索雷茨军士长（右）在取胜归来后接受派歇尔军士长（左）的祝贺，后者右臂上佩戴着五枚单独击毁坦克臂章，也是一位打坦克的能手！注意背景中的坦克就是那辆著名的福字号老虎。

第6章 武装党卫军第2装甲团第8连行动日志

※ 上图及下图　1943年11月间，党卫军第2装甲团第8连随同"帝国"师在日托米尔地区作战，这两幅照片拍摄于别尔季谢夫附近的森林，该连的虎式坦克搭载步兵前往进攻集结地。在上图中乘坐坦克的步兵当中有伞兵，第8连当时奉命配属伞兵部队作战。

虎式坦克 全景战史

※ 上图及下图　1943年11月间，党卫军第2装甲团第8连的虎式坦克在日托米尔附近的林间道路上行进，该连的虎式坦克上还涂绘着小恶魔图案，但没有车辆编号。在下图中镜头近处坦克的车体正面有两个反坦克枪造成的弹痕。

※ 上图　1944年2月，5辆补充的虎式坦克交付"帝国"师，他们被独立编成装甲战斗群进行作战，这幅照片拍摄于2月20日，是这个坦克群的01号坦克，它在进行加油后由于机械故障被遗弃了。